KB140592

한국어 한자어 합성어와 중국어의 대조 연구

두위 杜瑋

중국 산동성 칭다오시 출생
중국해양대학교 한국어학과 문학학사
한국 신라대학교 국어교육학과 교육학석사
한국부산공립대학교 국어국문학과 문학박사
현재 중국칭다오이공대학교 인문외국어대학 강사

<주요 논저>

도서: 「중-한 문법대비연구」, 「마거릿 대처 why? 걸출한 우상(중문판)」 역, 「독일 why? 세상을 가까이서 보다(중문판)」 역.
논문: 「한자 합성어와 중국어 이합어의 대비연구」, 「한국어 교육에서 대중가요의 활용」, 「중화 문화 전파에 대한 연구」, 「칭다오 문화부호의 다문화 전파에 관한 실증적 연구」 등.

한국어 한자어 합성어와 중국어의 대조 연구
韓國語漢字合成詞和中文的對照研究

초판 1쇄 인쇄 2022년 9월 20일
초판 1쇄 발행 2022년 10월 5일

지 은 이 두위(杜瑋)
펴 낸 이 이대현
펴 낸 곳 도서출판 역락

편   집 이태곤 권분옥 임애정 강윤경
디 자 인 안혜진 최선주 이경진
마 케 팅 박태훈 안현진

펴 낸 곳 도서출판 역락 / 서울시 서초구 동광로46길 6-6 문창빌딩 2층(우 06589)
전   화 02-3409-2058 FAX 02-3409-2059
이 메 일 youkrack@hanmail.net
홈페이지 www.youkrackbooks.com
등   록 1999년 4월 19일 제303-2002-000014호

ISBN 979-11-6742-399-3 93710

字數 93,465字

*정가는 뒤표지에 있습니다.

한국어 한자어 합성어와 중국어의 대조 연구

韓國語漢字合成詞和中文的對照研究

두위 杜瑋

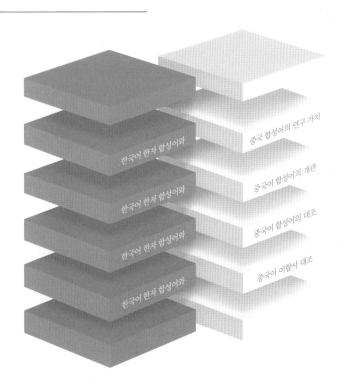

한국어 한자 합성어와

한국어 한자 합성어와

한국어 한자 합성어와

한국어 한자 합성어와

중국 합성어의 연구 가치

중국어 합성어의 개관

중국어 합성어의 대조

중국어 이합사 대조

역락

머리말

　언어는 사상을 담는 그릇이며 한 나라의 문화의 정수라고 할 수 있을 것이다. 따라서 한중 양국의 역사와 문화의 유사성, 일반적으로 예측되는 미래 상황 등을 고려해 볼 때, 한국어와 중국어를 비교, 연구하는 것은 매우 중요한 일이 아닐 수 없다. 특히 한국은 오랫동안 한자를 사용해 왔고, 한국어의 많은 부분이 한자로 이루어져 있으므로 그 중요성은 더욱 크다고 할 수 있다.

　한국어는 그 언어 분류상 교착어에 속하고 중국어는 고립어에 속한다는 차이점이 있지만, 한국어는 의성어, 의태어의 발달과 함께 어미의 변화가 자유롭다는 점 때문에 복합어가 발달하기 쉬운 구조를 가지고 있으며 중국어 또한 고립어의 특성상 조어력이 왕성하여 새로운 단어를 비교적 쉽게 만들 수 있다는 공통점을 가지고 있다.

　한자어는 한국어에서 많은 비중을 차지하고 있는데 이런 한자어 어휘들은 대부분 중국에서 유입된 것으로 의미적으로 중국어 어휘와 비슷한 부분도 있지만, 오랜 언어 역사 속에서 변화하여 한국어로서 한자어는 어느 정도 독립된 체계를 형성하게 되었다. 형태, 품사, 용법

등 전반에서 중국어와 많은 차이를 나타내게 된 것이다. 이런 차이 때문에 많은 사람들은 각 언어를 공부하거나 가르치거나 통역할 때 실수를 피하지 못하는 경우가 있다. 두 언어 사이에 어떤 관계가 있는지 어떤 차이를 지니는지, 그 요지를 파악하는 것은 용이한 일이 아니다. 이전에 많은 학자들은 한국어 한자어 합성어와 중국어 합성어에 대해 연구를 했지만 대부분은 한 방면에서 연구를 하는 것이었다. 양국의 언어를 대상으로 한 구체적이고 체계적인 대조 연구의 자료가 없다는 것이다. 이 책은 두 언어를 공부하거나 사용하는 이들을 위해 빠르고 정확하게 두 언어의 유사점과 차이점에 근거한 특징을 파악할 수 있도록 연구를 하였다.

이 책에서는 한국어 한자 합성어와 중국어 합성어 및 중국어 이합사를 형태구성, 품사, 용법 세 가지 방면에서 각각의 어휘를 대응하여 살펴보는 대조 연구를 하였다.

차례

표 차례

제 1 장

한국어 한자 합성어와
중국 합성어의 연구 가치

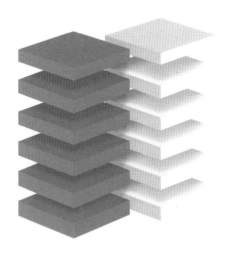

한국어 한자 합성어와
중국 합성어의 연구 가치

1.1. 이 책을 쓴 목적

이 책은 한국어 한자어 합성어와 그것에 대응하는 중국어 조어법에 의한 단어의 구조적 특징을 비교해 그 차이를 밝히는 데 있다. 이 책에서는 두 언어의 합성어의 구성 유형을 서로 비교, 대조해 봄으로써 두 언어를 교수, 학습하는 이들에게 두 언어의 조어 방법의 공통점과 차이점을 이해하는 데 도움이 되고자 한다.

한국어 한자어가 본래 중국어 단어에서 차용한 것이기 때문에, 한국어와 중국어는 한자어로 된 꽤 많은 어휘를 공유하고 있다. 그런데 한국어 한자어가 한편으로는 삼국 시대부터 오랜 세월에 걸쳐 중국어에서 차용되어 왔지만, 다른 한편으로는 두 언어의 한자 어휘는 그만큼의 오랜 기간 동안 서로 독자적으로 발전되어 왔다. 이에 따라, 한국어 한자어는 중국어 어휘의 특징을 어느 정도 가졌으면서도, 중국어 어휘와는 꽤 다른 체계를 형성하게 되었다.

한국어 한자어 합성어도 마찬가지이다. 예컨대, '江山, 山河, 入院, 學校' 등의 한국어 한자어 합성어는 중국어 합성어와 구조와 의미가 거의 완전히 같다. 그러나 '小心, 東西' 등은 한국어와 중국어에서 사용되는 합성어이지만, 그 의미는 완전히 다르다. '小心'은 한국어에서는 '마음이 작다'의 뜻으로 사용되고, 중국어에서는 '조심하다'의 뜻으로 사용된다. 또 '東西'는 한국어에서는 '동쪽과 서쪽, 동양과 서양'의 뜻으로 사용되지만, 중국어에서는 '물건, 동쪽과 서쪽'의 뜻으로 사용된다. 그리고 '放學'은 한국어에서는 '학교에서 학기나 학년이 끝난 뒤 또는 더위, 추위가 심한 일정 기간 동안 수업을 쉬는 일. 또는 그 기간'의 뜻인데, 같은 뜻으로 중국어에서는 '放假'라고 한다. '放學'은 중국어에서 '학교에서 하루 수업을 마치고 학교를 떠나다'의 뜻이다. 한국어 한자어 합성어와 이에 대응하는 중국어가 완전히 다른 경우도 있다. 예컨대 한국어 한자어 '登校, 登山'은 중국어에서 각각 '上學, 上山'에 대응한다. 그런데 이것들의 반의어는 한국어에서는 '下校, 下山'인데 비하여, 중국어에서는 '放學 또는 下學, 下山'이다.

또 한국어와 중국어는 합성어의 품사 범주와 합성어 성분의 품사 범주의 체계도 다를 수밖에 없다. 그 까닭은 한국어는 첨가어이고, 중국어는 고립어이기 때문이다.

예컨대, '靑山'은 한국어나 중국어에서 동일한 의미를 가진 합성어로서, 명사이다. 그런데 '靑'은 중국어에서는 한 어절로서 형용사이지만, 한국어에는 한 어절을 형성하지 못하며, 또 품사를 정할 수도 없다. 그리고 '說明'과 '廣大'는 한국어와 중국어에서 동일한 의미를 가진 합성어인데, 중국어에서는 각각 동사와 형용사이지만, 한국어에서는 '說明, 擴大'는 명사이다. 그리고 이것들은 한국어에서는 각각 '하다'와 결합하여 동사와 형용사로 사용된다. 또 '說明'과 '擴大'의 성분의 품사는 중국에서는 '說'과 '廣'은 동사이고, '明'과 '大'는 형용사이다. 그런데 한국어에서는 그것들은 모두 품사를 정할 수 없으며, 그것들에 '하다'와 결합하여 동사나 형용사로 사용될 수도 없다.

그리고 한국어 한자어 합성어는 중국어의 통사적 구성에 대응되기도 한다. 곧 한국어 한자어 합성어 '登校, 退院'에 대응하는 중국어 '上山, 出院'은 합성어처럼 보이지만, 엄밀히 말하자면 통사적 구성(동사구)이다. 또 거꾸로 한국어 한자어 합성어가 중국어 통사적 구성과 동일한 구조를 가진 것도 있는데, '登校, 入院, 退學'은 중국어의 '타동사-목적어' 구성에 대응한다.

이상에서 살핀 바와 같이, 한국어 한자어 합성어와 이에 대응하는 중국어 합성어는 그 구조나 용법이 거의 동일한 것도 있지만, 꽤 차이가 나는 것들도 있다. 이 책에서는 이상과 같은 한국어 한자어 합성어와 중국어 합성어의 유사점과 차이점을 유형화하고, 그러한 유사점과 차이점에 대하여 상세히 논의하고자 한다.

그동안 한국어와 중국어가 동일한 한자 문화권에 속하고 있으며 한국에서도 오랜 동안 한자를 사용해 왔기 때문에, 한국어에서 사용되는 한자어가 중국어의 어휘 체계와 거의 동일하다고 막연히 생각하기 쉽다. 그러나 위에서 살핀 바와 같이, 한국어 한자어 체계는 중국어 합성어를 체계와는 꽤 다르다. 한국어 연구에서도 이러한 차이를 인식하고 있었으나, 한국어 한자어 합성어에 대한 논의는 그리 활발하지 않았으며, 한국어와 중국어의 합성어를 대조하는 연구도 그리 많지 않다고 판단된다. 이 책은 이러한 점에 유의하여, 한국어 한자어 합성어와 이에 대응하는 중국어 합성어를 대조하여 연구하고자 한다.

이 책은 서로 다른 유형의 언어인 한국어와 중국어의 조어법 체계를 이해하는 데 도움이 될 것이라고 판단한다. 그리고 이러한 연구가 한국어를 공부하고자 하는 중국인들이나 중국어를 공부하고자 하는 한국인들에게도 한국어와 중국어의 어휘 체계의 차이를 분명히 인식하게 함으로써, 중국어나 한국어를 제2언어로 배우고자 하는 이들에게 도움이 될 것이라 생각한다.

1.2. 이 책의 내용 소개

이 책에서는 한국어와 중국어의 합성어를 비교함에 있어서, 한국어의 합성어는 한자어로 된 합성어로 한정하였다. 한국어 한자어 합성어는 한국어 합성어의 많은 부분을 차지하면서 신어 생성의 측면에서 생산력이 왕성한 갈래라고 할 수 있지만, 고유어 합성어와는 합성 방법에서 상당한 차이를 보이고 있다. 이러한 한국어 한자어 합성어는 중국어 합성어 및 이합사와 일정 부분에서 유사점을 보이고 있다.

이 책에서는 먼저 연구에 필요한 어휘들을 국내 논문에 관련된 자료 중에서 찾아 모으고 분류하였다. 한국어 한자어 합성어 어휘들은 주로 김혜순(2005)와 조일규(2008), 유영기(2003), 김일병(2000)에서 수집했다. 중국어 합성어 어휘들은 주로 ≪現代汉语词典≫(2005)에서 수집하여 정리했다. 또한, 중국어 이합사 어휘들은 ≪現代汉语词典≫(2005)에서 수집했다.

본격적인 연구에 앞서 합성어와 관련된 용어에 대해 정리할 필요가 있다. 한국과 중국에서 모두 합성어와 파생어라는 용어에 대한 혼란이 있다. 그래서 이 책에서는 합성어와 파생어의 용어에 대해 다음과 같이 통일하기로 한다.

[표 1] 복합어의 용어 규정

상위범주	하위 범주
복합어 (Complex word)	파생어(Derivational word)
	합성어(Compound word)

이 책은 다음과 같이 구성되어 있다. 제1장에서는 한국어와 대응한 중국어의 합성어 및 이합사와 관련한 기존의 연구들에 대하여 개략적으로 살펴보고, 제2장에서는 합성어의 정의에 대해 살펴보면서 한국어와 중국어의 단어구성의 방식에 대해 살펴보려 한다. 그리고 제4장에서는 한국어 한자어 합성어와 중국어 합성어에 대한 자세히 조어방식과 용도의 차이점을 살펴보자고 한다. 제5장에서는 한국어와 중국어 이합사의 조어 방식의 차이점을 살펴보자고 한다.

1.3. 이 책의 선행연구 검토

1.3.1. 한국어 합성어에 관련된 연구

한국어 합성어의 형태적 연구로는 허웅(1983), 서정수(1981), 김광해(1993), 김일병(2000) 등이 있다. 이 연구들은 주로 합성어를 통사적 합성어와 비통사적 합성어로 나누고, 그 성분들의 형태적 결합 양상에 따라 체계를 세운 것들이다.

서정수(1981)는 합성어를 가르는 기준으로 3가지를 제시하였다. 그 기준은 '구문론적 기준', '의미적 기준', '보조적 기준'이다. 이의 하위 변별기준과 원리를 알게 된다.

김광해(1993/1995)는 '명칭'에 해당하는 명사가 합성어의 가장 대표적인 형태라고 하며, 합성명사에 대한 분류는 '단체명', '제도명', '학술용어', '사회 현상, 사건명' 등의 식으로 분리시켜야 한다고 주장하였다. 그리고 국어의 합성어들을 사전에서 적절히 처리하기 위한 기준 및 효과적인 제시 방법을 모색하기 위해 방안을 제시하였다.

합성어의 의미적 연구로는 이익섭(1965), 이석주(1987), 최규일(1989), 나은미(2007) 등이 있다.

1.3.2. 한국어 한자어 합성어에 관련된 연구

한자어가 국어 어휘의 60% 이상을 차지하기 때문에 국어학 연구에서 한자어는 다방면으로 연구가 이루어져왔다. 형태론적 연구에서 부딪히는 가장 큰 문제점은 한자어를 고유어와 동일한 조어체계로 설명해야 하느냐의 문제다. 이익섭(1965), 노명희(1997) 등은 동일 체계를 주장하고 김종택(1992), 김규철(1997) 등은 별도 체계를 주장한다.

이익섭(1965)은 한자어도 국어의 일원으로 보고 동일체계 하에서 설명하기 위해 어간(stem)과 어근(root)을 새롭게 정의하고 있다. 즉 '어간'은 굴절접사가 연결될 수 있는 형태소나 단어 및 그 단독으로 단어가 될 수 있는 형식을 말하며, '어근'은 굴절접사와 결합할 수도 없고 자립형식도 아닌 것을 말한다. 이렇게 되면 중국어에서는 어간인 것이 국어에서는 어근의 자격밖에 갖지 못하게 되며, 따라서 어간합성어, 어근합성어, 어간, 어근 합성어로 나눌 수 있다고 한다.

동일 체계론자인 노명희(1997)는 한자어가 고유어에 동화된 면을 고려하여, 고유어 체계 내에서 어떠한 실제적인 문법 단위로 기능하느냐에 초점을 맞추고 이익섭(1965)의 어간과 어근을 세분한 것으로 보이는 3가지 기능소를 설명하고 있다.

한편, 김종택(1992)은 한자어는 그것이 가진 이소의 기능적 항상성(恒常性)에 의하여 전혀 다른 조어 능력을 가지고 있으므로 고유어와는 별개의 기준에 입각하여야 한다고 주장하며, 합성어를 형태론적 구성의 완전 합성어와 통사적 구성의 의사 합성어로 나누고 있다.

김규철(1997)은 많은 한자어가 아직도 중국어 문법적 성질을 유지하고 있으므로 음운론적으로나 형태론적으로 고유어와 차이가 있음을 지적하여 동일론에 반대하고 있다. 합성어에 있어 준 접사(완전접사와 자립형식의 중간 단계)를 설정하여 완전 합성어와 준 합성어로 나누고 있다. 이때의 '준합성어'는 김종택(1997)의 의사 합성어와는 다르며, 이익섭(1965)의 어간 합성어와 어근, 어간 합성어를 포괄하는 개념으로 쓰이고 있다.

심재기(1982)는 한자어를 위한 별도 체계를 주장하지는 않았지만 그 것의 필요성을 시사하고 있다. 그는 한자어의 조어법 상 3가지 특징으로 기능의 다양성(한자 하나하나가 지닌 통사적 기능이 다양하다), 의미의 융통성(한자 하나하나가 지닌 의미가 융통적이다), 의미의 대표적 (약어를 많이 만든다)을 제시하고 있는데, 이는 고유어와 다르기 때문이다.

이 외에도 송기중(2007)은 '비한자어 형태소'와 '한자어 형태소' 사이의 문법 기능 및 의미 기능상의 차이를 논하면서 한자어 형태 구조의 특징들을 제시하고 있다. 또한 김광해(1993)는 한자 요소들의 어떤 결합을 합성어로 판정할 것인가 하는 기준들을 제안하였다.

그리고 최규일(1989), 김정은(2000) 정민영(1995) 등은 한자어 형성에 나타나는 특성과 한자어의 구조 및 단어형성법의 일부를 제시하고 있다.

이상에서 살펴본 바와 같이 한자어, 특히 한자어 합성어의 구조와 형성법에 대해서는 부분적인 논의가 진행되었을 뿐 전반적이고 본격적인 연구가 부족한 실정이다.

1.3.3. 중국어 합성어에 관련된 연구

劉永基(2003)는 어휘사적 측면에서 볼 때 합성어의 생성은 임의적으로 결합한 구로부터 비롯된 것과 어근이 직접 결합한 것으로 논의될 수 있다고 주장하였다. 선진(先秦)이후의 합성어는 다시 병렬식, 수식식, 보충식, 주술식 합성어로 분류하고 그 중에 병렬식 합성어는 다시 동의호조형, 동류상관형, 동류반의형 등 3가지의 하위유형으로 나누어 다뤘다.

박지원(1999)은 중국어의 어휘구조에서 합성어를 복합식 합성어와 중첩식 합성어의 2가지로 나누어 보았다. 그 중에 복합식 합성어를 다시 연합식, 편정식, 보충식, 술목식, 주술식 등 5개 하위범주를 설정하고 중첩식 합성어는 같은 어근 사이에 결합된 합성어라고 한다.

양광석(1999)은 한어 합성어를 통사적과 비통사적으로 크게 분류했다. 통사적 하위범주는 주위식, 동빈식, 편정식 등이고 비통사적 하위범주는 뜻이 같든가 비슷한 글자로 이루어진 것과 뜻이 반대되는 글자로 이루어진 것을 포함한다.

顧陽·沈陽(2001)은 내심구조와 외심구조의 이론으로 합성어를 언급했다. 내심구조는 내부조합형식과 합성어의 기능이 동일하거나 중심성분이 있는 명사성 합성어인 반면에 외심구조는 내부조합형식과 합성어의 기능이 동일하지 않거나, 중심성분이 없는 명사성 합성어이다.

符淮青(2008), 徐青(2006)은 합성어의 구조가 주로 2개 이상의 어소로 구성된 단어이며 모두 실질적 어소들이라고 주장한다. 이를 병렬식, 편정식, 보충식, 지배식, 진술식 등 5가지의 유형으로 분류하고 구성어소 사이의 내적인 관계로 결합 순서를 다루었다.

周荐(2004)은 32,346개의 한어 합성어를 분석해서 정-중편정식, 상-중편정식, 보충식, 진술식, 연합식, 중첩식, 연속식, 그리고 분류하기 어려운 부분 등 8가지 유형으로 제시해서 어소가 지니는 의미와 발음 조건, 성조 등의 제약으로 이의 내부결합유형을 설명한다.

韓春梅(2009), 张良斌(2008)은 여러 학자의 견해에 종합해서 중국어 합성어의 구성유형 다시 제시한다.

1.3.4. 중국어 이합사에 관련된 연구

胡再影(2008)에 따르면, 가장 먼저 이합사라는 현상을 주목한 사람은 陳望道(1980)이다. 그는 「語文運動的回顧與展望」(1980)에서 이 특수한 언어 현상을 제시하며 구체적인 예를 들어 설명하였다.[1] 이후 여러 학자들이 이합사에 대해 연구하였고 각기 다른 정의를 내렸다.

林漢達(1953)은 동사와 부가어가 합성어를 이루고 그 사이에 일부 음절을 삽입할 수 있으면 結合動詞라 할 수 있다고 하였다.

陸志偉(1985)은 처음으로 離合詞라는 개념을 제기하였다. 그는 동목구조를 가진 합성어가 확장할 수 있으면, 확장하기 전에는 하나의 단어이지만 확장한 후에는 적어도 두 단어로 분리된다면서 이런 단어들을 이합사라 명명하였고 이합사를 4가지 유형으로 나누었는데 그 후 이합사라는 명칭은 널리 사용되었다.

이합사의 형태구조적인 네 가지의 유형은 자립형태소와 자립형태소의 결합, 자립형태소와 비자립형태소의 결합, 비자립형태소와 자립형태소의 결합, 비자립형태소와 비자립형태소의 결합으로 나누어진다. 자립형태소와 자립형태소의 경우 두 형태소가 결합한 때의 의미는 구성요소의 뜻의 합이 아니라 새로운 의미를 가진다. 또 결합의 정도가 강하지 않아서 확장할 수 있는 여지가 많다. 자립형태소와 비자립형태소, 비자립형태소와 자립형태소의 경우는 결합의 정도가 강해서 확장에 제약이 따른다. 의존형태소와 의존형태소의 결합은 수적으로 많지 않고 목적어를 취하지 못하는 특징이 있다.

---

1   胡再影(2008), 「現代漢語離合詞的研究與敎學」, 부산대학교대학원, p.5에서 재인용.

張壽康(1957)은 離合動詞라는 개념을 제기하였는데 "革命, 跳舞"와 같은 유형의 단어들은 분리되기 전에는 하나의 단어이지만 분리된 후에는 동목구조로 봐야 한다고 하였다.

趙元任(1979)는 이온화 개념을 제기하였다. 그는 화학 용어인 이온으로 분리된 후의 두 구성성분을 비유하면서 합성어는 제한적인 형식의 확장을 할 수 있는데 두 성분이 서로 긴밀하게 의존 관계를 이룰 경우에만 그러하다고 하였다. 제한적인 확장이란 구조적으로는 분리할 수 있지만 의미적으로는 분리할 수 없는 경우를 말한다.

위에서 보이는 바와 같이 이합사의 명칭과 정의에 대하여 학자들의 견해는 다르다. 그러나 그 명칭이나 정의가 어떻든 간에 이합사에는 공통적인 특징이 있다. 첫째, 이합사는 일반적인 단어와는 다른 성격을 가지고 있다. 일반적인 단어는 분리하거나 확장할 수 없으며 문장 속에서 하나의 성분으로만 쓰이지만 이합사는 구성성분들이 서로 분리하거나 확장할 수 있으며 그러한 경우에 구성성분의 뜻은 변하지 않는다. 둘째, 이합사 구성성분들 사이의 내부 구조가 느슨하여 그 사이에 다른 성분을 삽입할 수 있는데 이는 구의 특징에 부합된다. 그러나 일반적인 구와도 다른 점이 있는데 구의 구성성분은 다른 성분으로 대체할 수 있거나 확장할 수 있지만 이합사는 그렇지 않다는 것이다. 이러한 특징에 비추어볼 때, 이합사에 대한 여러 명칭 중에서 陸志偉(1985)가 제기한 "이합사"는 이러한 단어들의 특징을 잘 반영하였다.

제 2 장

한국어 한자 합성어와
중국어 합성어의 개관

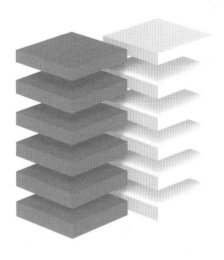

한국어 한자 합성어와
중국어 합성어의 개관

2.1. 한국어 한자어 합성어의 개관

2.1.1. 한국어 합성어의 성분 구조

한국어의 단어는 단일어(單一語)와 복합어(複合語)로 구분되며, 복합어
는 다시 합성어(合成語)와 파생어(派生語)로 구분된다.

　(1) 단어의 종류
　　　　┌ 단일어
　　　　└ 복합어 ┌ 파생어
　　　　　　　　 └ 합성어

조어법은 어절/단어의 어간을 형성하는 방법을 말하는데 보통 복합
어를 형성하는 방법을 가리킨다. 조어법은 합성법과 파생법으로 나누

어지는데, 최규수(2007)에 따르면, 한국어 합성법은 "어간이나 어절이 다른 어간과 결합하여 새로운 어간을 만들어내는 법"이라 할 수 있다.

(2) 조어법

파생법 : 어간, 파생접사 →어간

합성법 : $\left\{\begin{array}{l}어간 \\ 어절\end{array}\right\}$, 어간→어간

앞선 연구에서 합성어는 보통 두 개의 어근으로 구성된 단어로 정의한다. 그런데 합성어의 직접성분이 둘 다 어근인 것도 있지만, 두 개 이상의 실질형태소(어근과 접사)로 구성된 것도 있다. 또 어근과 굴절접사로 결합된 것도 있다.

(3) ㄱ. 봄+비, 오+가(다)
 ㄴ. 첫날+밤, 흩+날리(다)
 ㄷ. 잡아+가(다), 두고+두고

(3)에서 ㄱ의 합성어는 어근과 어근으로 구성되었으나, ㄴ의 합성어는 '첫날'이나 '날리-'는 어근이 아니다. 따라서 합성어의 직접성분을 어근(형태소)으로 분석하기 어렵다.

최규수(2010)에서는 어간을 "단독으로 또는 굴절접사와 결합하여 어절을 형성할 가능성이 있는 언어 형식"이라고 정의하였다. 어근과 어간의 관계를 보면, '봄'과 '비', '오-', '가', '밤', '흩-' 등은 한 개의 어근으로 구성된 어간이고, '첫날'과 '날리-'는 어근과 파생접사로 구성된 어간이라 할 수 있다.

용언의 경우, '어절+어절'에서 뒤의 어절은 조어법에서 어간만 대상으로 한다. 예컨대 '잡아가다'는 먼저 굴절법에서 '잡아가-+다'로 분석되고, 조어법에서는 '잡아+가-'로 분석된다.

여기서 '가-'는 의존형식이지만, 한국어에서는 용언이 항상 어말어미와 결합하여 사용되기 때문에, 복합어에서 '가-'는 '가다'와 같이 처리하여, 자립형식으로 본다.

'잡아가다'는 '잡아+가다'로 분석하기로 약정한다. '잡아가는'도 '잡아+가는'으로 분석한다. '가다, 가는'은 어절이다.

최규수(2010)의 주장에 따라, '첫날'이나 '날리-'와 같은 언어형식을 '어간'이라 하기로 한다. 어간은 다음과 같이 정의된다.

> (4) 어간은 단독으로 또는 굴절접사와 결합하여 어절을 형성할 가능성이 있는 언어 형식이다.

이러한 어간의 정의에 따라 (5)의 어간의 구조를 보면, ㄱ은 한 개의 어근으로, ㄴ은 한 개의 어근과 파생접사로, ㄷ은 두 개의 어근으로 구성되었다. 이것들의 성분 구조는 (6)와 같이 정리할 수 있다.

> (5) ㄱ. 봄, 바다, 나, 우리, 셋; 보-, 주-, 예쁘-; 이, 잘, 아
> ㄴ. 올벼, 덧신, 짓누르-; 꽃답-, 깨뜨리-
> ㄷ. 봄비, 소나무; 오가-, 검푸르-, 붙잡-

> (6) 어간의 성분 구조
> ㄱ. 어간 → 어근
> ㄴ. 어간 → 어근, 파생 접사
> ㄷ. 어간 → 어근, 어근

허웅(1983)에서는 통사적 합성어와 비통사적 합성어를 구별하였다. 통사적 합성어는 그 직접성분이 자립 형식들이와 통사적 구성과 구별되기 힘들 것이고, 비통사적 합성어는 적어도 어느 하나의 직접성분이 의존 형식인 것이다. 다음 (7)에서, ㄱ은 통사적 합성어이고, ㄴ은 비통사적 합성어이다.

(7) ㄱ. 봄비, 소나무, 한두, 두셋, 이십, 사촌, 밤낮
    ㄴ. 오가-, 붙잡-, 빛나-, 솔솔, 머뭇머뭇, 달싹달싹

통사적 합성어와 비통사적 합성어를 다음과 같이 정리할 수 있다.

(8) 한국어 합성어의 종류
$$\begin{cases} 통사적\ 합성어 & \begin{Bmatrix} 자립어간 \\ 어절 \end{Bmatrix} + \begin{Bmatrix} 어간 \\ 어절 \end{Bmatrix} \\ 비통사적\ 합성어 & 의존어간 + \begin{Bmatrix} 어간 \\ 어절 \end{Bmatrix} \end{cases}$$

명사 합성어와 동사 합성어의 성분 구조의 몇몇 예를 들면 다음과 같다.[2] (9)에서 ㄱ과 ㄴ, ㄹ, ㅂ은 통사적 합성어이고, ㄷ과 ㅁ은 비통사적 합성어이다.

(9) 한국어 합성어의 성분 구조
ㄱ.

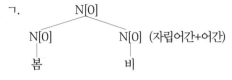

---

2   범주 표시에서 'X[0]'은 어간을 표시하고, 'X[1]'은 어절을 표시한다.

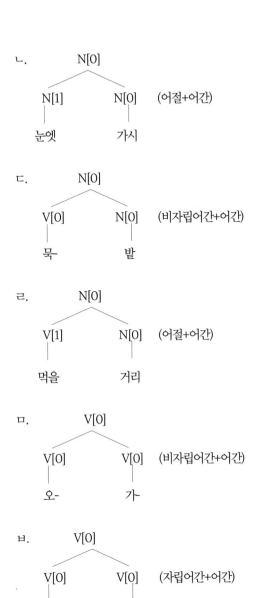

ㄴ. N[0]
　　N[1]　　N[0]　　(어절+어간)
　　눈엣　　가시

ㄷ. N[0]
　　V[0]　　N[0]　　(비자립어간+어간)
　　묵　　　밭

ㄹ. N[0]
　　V[1]　　N[0]　　(어절+어간)
　　먹을　　거리

ㅁ. V[0]
　　V[0]　　V[0]　　(비자립어간+어간)
　　오-　　　가

ㅂ. V[0]
　　V[0]　　V[0]　　(자립어간+어간)
　　살펴　　보-

한편, 어간이 단독으로나 굴절접사와 결합하여 한 어절을 형성하지 못하고 의존어간으로만 사용되는 것이 있는데, 이러한 어간을 '특수어간'이라 한다. 예컨대 '아름답다, 씩씩거리다'의 '아름-, 씩-' 등이 특수어간이다.

2.1.2. 한국어 한자어 합성어의 성분 구조

한국어의 어휘 체계는 고유어와 한자어, 그리고 그 밖의 외래어로 구성되어 있다. 한국어 한자어가 본래 중국에서 차용된 것인데, 외래어의 차용은 어휘 차용을 중심으로 이루어진다. 그렇지만 일단 차용된 한자어는 고유어의 체계에 맞추어 사용되기 때문에, 한국어 한자어의 체계는 중국어와 상당히 달라질 수밖에 없다. 다른 한편, 일단 한국어에 차용된 한자어는 오랜 기간 동안 중국어와는 독자적으로 발달되었기 때문에, 한자어 어휘의 체계도 독자적으로 발달하게 되었다.

한자어 합성어도 본래는 중국어의 영향을 받아 형성된 것이기 때문에, 현대 한국어 합성어의 경우에도 중국어의 영향이 여전히 남아 있다. 따라서 한국어 한자어 합성어는 고유어 합성어와 성분 구조가 조금 다르다. 물론 합성어의 성분을 구성하는 어휘들의 체계도 많은 차이가 있다. 이에 대하여 다음과 같은 두 가지 문제로 나누어 살피기로 한다. 하나는 한국어 한자어 합성어에서 통사적 합성어와 비통사적 합성어로 구분하는 문제이고, 다른 하나는 합성어를 구성하는 성분들의 품사의 합성어의 품사 문제이다.

먼저 첫째의 문제를 살펴보기로 한다. 고유어 합성어는 통사적 합성어와 비통사적 합성어로 나눌 수 있는데, 한자어 합성어는 그렇게 나누기 어렵다. 어휘 구조상으로는 동일한 것인데, 그 성분들은 자립형식만으로 된 것도 있고, 자립형식과 의존형식으로 된 것도 있고, 의존형식과 의존형식으로 된 것이 있기 때문이다.

    (10) ㄱ. 江山, 山河, 河川, 湖水
          ㄴ. 合唱, 教育, 創造
          ㄷ. 開會, 避難, 殺生
          ㄹ. 日沒, 市立, 人工

위 예들은 모두 두 개의 어간(어근)으로 구성된 것들이다. 이것들이 만일 중국어에서 사용되었다면, 이 어간들은 모두 어절로 사용되었을 것이다. 중국어는 단음절어로서 기본적으로 한 형태소가 한 어절을 형성하므로, 위의 합성어의 성분으로 사용된 어간들도 한 어절로 사용될 수 있는 것들이기 때문이다.

그런데 한국어에서는 위 합성어의 성분들이 한 어절을 형성할 수 있는 것들도 있지만, 그렇지 않은 것들도 있다. 위 합성어의 성분인 '山, 江, 會, 難, 日, 市, 人' 등은 어절로 사용될 수 있으나, '河, 川, 湖' 등의 나머지 성분들은 어절로 사용될 수 없다.[3] 뒤의 예들은 홀로 사용될 수도 없고, 조사나 어미와 결합하여 어절로 사용되는 경우도 없으므로, 이것들은 특수어간으로 간주해야 한다. 따라서 한국어 한자어 합성어의 종류를, 한국어 고유어 합성어의 종류와 동일한 방식으로 분류한다면, 다음과 같을 것이다.

---

3   물론 '水, 生, 死' 등과 같이 학술 용어로 사용된 경우를 포함한 특수한 용법으로는 어절로 사용되는 경우도 있겠으나, 일상적 용법으로 볼 때 그렇다는 것이다.

(11) 한국어 한자어 합성어의 종류

$$\begin{cases} \text{통사적 합성어} & \text{자립어간} + \text{자립어간} \\ \text{비통사적 합성어} & \begin{Bmatrix} \text{자립어간} \\ \text{특수어간} \end{Bmatrix} + \begin{Bmatrix} \text{자립어간} \\ \text{특수어간} \end{Bmatrix} \end{cases}$$

이에 따르면, (10)에서 '자립어간+자립어간'으로 된 '강산'은 통사적 합성어가 될 것이고, '자립어간+특수어간'으로 된 '산하'와 '특수어간+특수어간'으로 된 '하천'은 비통사적 합성어가 될 것이다.

그런데 '강산'과 '산하'와 '호수'는 그 성분들은 형식적으로 아무런 차이도 없고, 또 의미적으로도 대등한 값을 유지한다. 형식적으로 아무런 차이가 나타나지 않고 의미적으로 차이가 없는데, 단지 자립형식인지 아닌지 하는 차이를 바탕으로 통사적 합성어와 비통사적 합성어로 나누는 것은 문법적으로 그리 큰 의의가 있어 보이지 않는다. 그리고 만일 이러한 논의를 받아들인다면, 한국어 한자어 합성어의 성분 구조에서 자립어간과 특수어간을 구별할 필요도 없어진다. 그러나 한국어 한자어의 구조를 논의하는 데 불필요한 혼동을 피하기 위하여, 위와 같이 분석하기로 한다.

이제 합성어를 구성하는 성분들의 품사와 합성어의 품사에 대하여 살펴보기로 한다.

먼저 합성어를 구성하는 성분들의 품사에 대하여 살피기로 한다. 한자어의 성분들에서 자립형식으로 사용되는 것들은 한국어에서 명사로 사용된다. 곧 '강산, 병법, 산하, 개회, 피난, 일몰, 시립, 인공'의 '山, 江, 法, 會, 難, 日, 市, 人'은 모두 명사이다. 그런데 특수어간들은 한국어에서 실제로 한 어절로 사용되지 않기 때문에, 엄밀하게는 그것의 품사의 종류를 정할 수 없다. 그렇지만 중국어에서 둘 이상의 어간이 결합한 구조와 비교하고, 또 한자어 합성어의 구조를 고려하여 그것의 품사의 종류를 잠정적으로 정할 수는 있을 것이다.

명사와 특수어간이 결합한 것들 가운데, '산하'의 '하'는 '산'과 의미적으로 대응한 관계를 형성하므로 명사로 볼 수 있다. 그리고 특수어간과 특수어간이 결합한 '하천, 호수'는 '강산'과 의미적으로 비례 관계에 있다고 볼 수 있으므로, 그것들의 성분이 '하, 천, 호, 수' 도 '강산'의 '강, 산'과 동일하게 명사로 볼 수 있을 것이다.

그런데 '합창, 교육, 창조'와 같이 그 성분이 둘 다 특수어간인 경우는 한국어 고유어 합성어와 비교해서는 그 품사를 정할 수 없다. 그런데 이것들은 중국어 구조에서라면, '합, 창, 교, 육, 창, 조'는 동사로 사용되기 때문에, 한국어에서도 동사로 분석할 수 있겠다. '개회, 피난, 살생, 일몰, 시립, 인공'의 '개, 피, 살, 몰, 입, 공'도 동일한 방식으로 동사로 분석할 수 있겠다. 중국어 구조와 비교한다면, '개회, 피난, 살생'은 '동사+명사' 구조이고, '일몰, 시립, 인공'은 '명사+동사' 구조이다.

그런데 한자어 합성어의 성분인 특수어간을 명사로 분석하든지 동사로 분석하든지 간에, 한국어에서는 명사나 동사로 사용되지 않는다는 것을 유의해야 한다. 따라서 한자어 합성어를 구성하는 성분을 명사나 동사로 분석한다고 하더라도, 한국어 고유어에서 실제로 명사나 동사로 분석되는 것들과는 구별해야 한다. 이 책에서는 품사를 표시할 때, 특수어간을 특정한 품사로 추정한 품사의 이름은 소문자로 표시하고, 고유어에서 명사나 동사 등으로 사용되는 품사의 이름은 대문자로 표시하기로 한다. 한국어 한자어 합성어의 성분의 품사를 이런 방식으로 표시한다면, (10)의 예들은 다음과 같이 표시될 것이다.

(12) ㄱ. $_N$江+$_N$山, $_N$山+$_n$河, $_n$河+$_n$川, $_n$湖+$_n$水

　　ㄴ. $_v$合+$_v$唱, $_v$敎+$_v$育, $_v$創+$_v$造

　　ㄷ. $_v$開+$_N$會, $_v$避+$_N$難, $_v$殺+$_n$生

　　ㄹ. $_N$日+$_v$沒, $_N$市+$_v$立, $_N$人+$_v$工

다음에는 한국어 한자어 합성어의 품사에 대하여 살피기로 한다. 외국어를 외래어로 차용할 때는 외국어에서는 본래 어떤 품사이든지 간에, 한국어에서는 명사로 사용되는 것이 일반적이다. 실제로 (12)의 ㄱ -ㄷ의 예들과 ㄹ의 '일몰'은 격조사가 결합할 수 있어, 명사로 판정된다. 그리고 ㄹ에서 '시립, 인공'은 격조사가 자유로이 결합할 수는 없지만, 파생접사 '-적'이나 '-이다'가 결합할 수 있어 명사의 자격을 가진 것으로 볼 수 있다.

그러나 한국어 한자어 합성어의 위의 예들은 그 구조가 조금씩 다르며, 다른 말과 결합하여 또 다른 복합어를 형성하는 방식에서 조금 차이가 있다. (12)의 ㄴ과 ㄷ은 '하다'가 결합하여 동사로 사용되지만, ㄱ과 ㄹ은 그렇지 않다는 것이다. 중국어 구조에 비추어 본다면, (12)의 ㄴ은 동사 연결 구성이거나 동사 합성어에 대응하고, ㄷ은 동사와 목적어 명사로 구성된 동사구에 대응하는 것이다. 따라서 (12)의 ㄴ과 ㄷ은 중국어에서라면 동사의 자질을 가진 것인데, 한국어에서는 명사로 사용된다는 것이다. ㄹ은 중국어에서라면 주어 명사와 동사로 구성된 절에 대응하는 것이다. 이상과 같은 논의를 참고한다면, '하다'가 결합할 수 있는 한국어 한자어 합성어는 명사임에 틀림없지만, 동사의 자질을 가진 것으로 볼 수도 있겠다.[4]

이상에서 합성어의 성분들의 품사의 종류와 합성어의 품사의 종류를 살폈는데, 이러한 논의를 바탕으로 한국어 한자어 합성어의 성분 구조를 예를 보이면 다음과 같다.

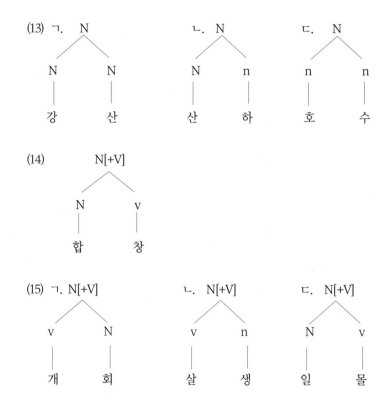

(13) ㄱ. N
　　　N　　N
　　　강　　산

ㄴ. N
　N　　n
　산　　하

ㄷ. N
　n　　n
　호　　수

(14)　N[+V]
　　N　　v
　　합　　창

(15) ㄱ. N[+V]
　　　v　　N
　　　개　　회

ㄴ. N[+V]
　v　　n
　살　　생

ㄷ. N[+V]
　N　　v
　일　　몰

2.1.3. 한국어 한자어 합성어의 성분 구조의 유형

한국어 한자어 합성어의 통사적 성분 구조의 유형에 대한 앞선 연구들을 제시하면 다음과 같다.

4　이렇게 동사의 자질을 가진 명사를 이른바 '동사성 명사'라고 한다.

(16) 김종택(1972)의 분류

　　ㄱ. 주어+술어: 家貧, 深夜, 山高

　　ㄴ. 술어+부사어: 下山, 下車, 送北

　　ㄷ. 부사어+술어: 北送, 西向, 南行

　　ㄹ. 술어+목적어: 問病, 謀逆, 求職

(17) 삼재기(1987)의 분류

　　ㄱ. 주술 구성: 天動 家貧 日沒 月出 國立

　　ㄴ. 수식 구성: 動詞 過程 長期 槪念 國會

　　ㄷ. 별열 구성: 家屋 土地 方法 上下 明減

　　ㄹ. 한정 구성: 密接 指示 豫測 脫出

　　ㅁ. 보충 구성: 社會 意味 性質 說明 移動

　　ㅂ. 접미 구성: 椅子 人間 空間

　　ㅅ. 목적 구성: 避難 殺生 防火 停會 觀光

　　ㅇ. 피동 구성: 所定 被侵

　　ㅈ. 부정 구성: 不利 非理 無罪 否決

　　ㅊ. 생략 구성: 傷寒 意外 亡命 避難

(18) 정원수(1991)의 분류

　　ㄱ. 병렬구성의 합성어

　　　NR(N)+NR(N): 思想, 土地, 年年, 資金, 意味...

　　　V2R+V2R: 加入, 開拓, 敎育, 記憶, 談話, 認知, 創造...

　　　AR+AR(N): 困亂, 公明, 奇異, 冷淡, 安樂...

　　ㄴ. 관형구성의 합성어(제2요소가 명사어근이 거나 명사)

　　　NR(N)+NR(N): 名士, 光線, 武臣, 文臣, 兵法, 月光...

　　　AR+NR(N): 大臣, 所見, 美女, 好材...

　　　V1R+NR(N): 動力, 過程, 動詞, 來日...

　　ㄷ. 서술구성의 합성어

　　　AdR+V1R: 激动, 避乱, 开会, 决议, 告別...

　　　NR+AR: 年长, 夜深, 家贫, 心痛...

(19) 정민영(1994)의 분류

　ㄱ. 병렬구성: 대등한 두 요소 간의 결합

　　N+N(반의: 上下, 書夜, 유의: 土地, 言語, 대등: 花鳥, 風水)

　　V+V(반의: 授受, 勝敗, 유의: 達成, 逃走, 대등: 食飮, 殺傷)

　　A+A(반의: 貴賤, 大小, 유의: 正直, 困難, 대등: 正大, 秀麗)

　　Ad+Ad: 相互, 恒常, 何必, 惟獨

　ㄴ. 종속 구성: 한 요소가 다른 한 요소를 수식해 주는 구성

　　N+N: 國會, 人情

　　N+V: 所定, 所行

　　N+A: 血淸

　　V+N: 動詞, 過客

　　V+V: 交戰, 合唱

　　A+N: 新春, 美人

　　A+V: 重視, 小賣

　　Ad+N: 唯一, 卽席

　　Ad+V: 復活, 卽殺

　　Ad+A: 必然, 相異, 自重

　ㄷ. 서술구성: 두 요소 중의 어느 하나가 서술기능을 하는 구성

　　N+V1: 天動, 國立

　　N+V2: 光復, 席卷

　　N+A: 夜深, 家貧

　　V1+N: 行船, 開花

　　V2+N: 避難, 讀書

　　V3+N: 登山, 下敎

　　A+N: 有名, 多情

위에 열거된 여러 학자들의 견해를 종합하여 한국어 한자어 합성어의 구성 분류를 다음과 같이 제시한다.

(20) ㄱ. 주술구성

　　n+v: 波及, 人造, 波動

　　n+a: 夜深, 土深, 文弱

ㄴ. 술목구성

　　v+n: 禁食, 決心, 建國, 計量, 競演, 觀光, 建議, 檢證, 代身

　　v+v: 講學, 歸納, 務實, 比重, 說教, 受動, 逆順, 祝願, 發見

ㄷ. 수식구성

　　n+n: 工業, 家畜, 個人, 句節, 功臣, 國內, 國語, 校長

　　v+n: 關心, 教室, 教師, 感性, 居處, 講堂, 感情, 誡命, 記者

　　a+n: 高山, 怪石, 舊式, 古典, 古代, 古木, 巨船, 故宅, 故事

　　v+v: 感激, 構成, 關係, 驅除, 解放, 解讀, 看過, 究明, 警告

　　a+v: 密接, 速讀, 速斷, 順應, 順從, 細分, 受容, 審理

　　ad+v: 相談, 相對, 相思, 常備, 始作, 遂行, 豫言, 自由

　　ad+a: 可憐, 極甚, 甚大, 哀怨, 寃痛, 莊嚴, 尊嚴, 增大, 整齊

ㄹ. 병렬구성

　반의 n+n: 公私, 君臣, 旦夕, 母子, 父女, 夫婦, 手足, 因果

　　　v+v: 去來, 得失, 動靜, 問答, 死生, 生死, 死活, 出入

　　　a+a: 老少, 明滅, 是非, 幽明, 理非, 明暗, 親疏, 喜悲

　대등 n+n: 歌舞, 江湖, 光景, 都市, 道義, 頭目, 貧困, 福樂, 富貴

　　　v+v: 檢診, 鼓吹, 過去, 改修, 教育, 耕作, 待接, 發展, 訪問

　　　a+a: 空白, 廣大, 高雅, 貴愛, 謙虛, 怪異, 剛直, 仁慈, 永久

　유의 n+n: 各自, 基本, 根源, 君主, 家庭, 考案, 計算, 基壇, 道路

　　　v+v: 開發, 建築, 繼承, 教訓, 經過, 告白, 記憶, 命令, 模倣

　　　a+a: 巨大, 均等, 堅固, 苦楚, 空虛, 祈禱, 懇曲, 恭敬, 描寫

　종첩 n+n: 年年

　　　v+v: 戀戀

　　　a+a: 緩緩, 疊疊, 蕩蕩

ㅁ. 기타구성(술보)

　　v+n: 歸鄕, 登山, 答禮, 登場, 靡寧, 銘心, 勝戰, 入學

　　a+n: 近理, 難定, 短命, 同氣, 多情, 多數, 滿船, 有名

2.2. 중국어 합성어와 이합사의 개관

2.2.1. 중국어 합성어의 성분 구조

현대중국어의 어휘는 주로 단일어(單一語)와 복합어(複合語)로 나눌 수 있다. 일반적으로 한자를 구성하는 최소단위는 음과 뜻이 서로 결합된 형태소이고 형태소는 단어를 구성한다. 하나로 이루어진 형태소는 단일어이고 두 개 이상으로 이루어진 형태소 혹은 단어는 복합어라고 부른다. 중국어의 어휘적 특징은 기본적으로 한 음절이 한 형태소가 될 수 있는 단음절어이다.

음절에 따라 중국어 어휘는 다음과 같이 분류할 수 있다.

(21) 중국어 어휘 체계

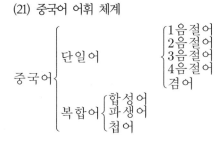

중국어는 굴절법이 없기 때문에, 실제로 어간과 단어를 구별할 필요가 없다. 여기서는 한국어 합성어의 구조에 따라, 중국어 합성어의 구조를 다음과 같이 분석한다.

(22) 중국어 합성어의 구조
중국어 합성어 → 어간 + 어간

중국어 합성어의 통사적 성분 구조의 유형에 대한 앞선 연구들을
제시하면 다음과 같다.

(23) 张良斌(2008)의 분류[5]
　① N+N → N
　　[途径]N、[国家]N、[马车]N、[石林]N、[奶牛]N
　② V+V → V/N
　　[改革]V、[汇集]V、[治理]V、[裁缝]N、[搬运]V
　③ A+A → A/Ad
　　[美好]A、[寒冷]A、[善良]A、[方圆]A、[反正]Ad
　④ N+V → N/V/A
　　[春分]N、[夏至]N、[地震]N、[瓦解]V、[肉麻]A
　⑤ V+N → N/V
　　[烧饼]N、[看台]N、[用功]V、[动员]V、[司令]N
　⑥ N+A → N/A
　　[月亮]N、[心酸]A、[年轻]A、[火红]A、[雪白]A
　⑦ A+N → N/A
　　[红酒]N、[白糖]N、[晚稻]N、[青楼]N、[小心]A
　⑧ V+A → V
　　[延长]V、[推迟]V、[扩大]V、[走红]V、[澄清]V
　⑨ A+V → N/V/A
　　[干洗]N、[小说]N、[重视]V、[善战]A、[轻视]A

(24) 韩春梅(2009)의 분류[6]
　① 관형절구성: 姑丈、人祸、兔唇、口号
　② 부사절구성: 空降、珠算、群居、仇杀

5　张良斌(2008),「复合式合成词的结构方式与结构规律」, 宿州学院学报 第23卷 第3期.
6　韩春梅(2009),「韩国语汉字复合词与汉语复合词的构词法比较研究」, 吉林省教育学院学报 No109, 第25卷.

③ 지배구성: 下海、达旦、化脓、平西
④ 점차서술구성: 请教、托管、拔取、拆洗
⑤ 보충구성: 处死、纳入、撤回、禁绝
⑥ 진술구성: 人为、质变、月食、有如
⑦ 중첩구성: 爹爹、本本、谢谢、统统
⑧ 연합구성: 牙齿、疾病、冰炭、婚嫁

위에 열거된 여러 학자들의 견해를 종합하여 중국어 합성어의 구성 분류를 다음과 같이 제시한다.

(25) ㄱ. 주술구성

N+V: 心痛, 地震 神似, 形似, 民用, 自述, 自修, 心跳

N+A: 年轻, 胆小, 年少, 年老, 手軟, 性急 眼高, 鼻酸

ㄴ. 술목구성

V+N: 管家, 命令, 鼓掌, 理发, 动员, 淋雨, 打字, 造句

ㄷ. 수식구성

N+N: 天命, 丈人, 上帝, 天神, 人情, 人間, 人世, 故事

V+N: 薰魚, 薰肉, 燃料, 燃油, 忌日, 宿舍, 刊物, 舞曲, 宣言

A+N: 白天, 白雪, 美人, 眼亮, 凶年, 狂風, 暴雨

Ad+N: 即刻, 極度, 極力, 最後, 故意

N+V: 上流, 下游, 火化, 火葬, 水淹, 土埋, 春耕, 冬眠

V+V: 昭告, 告示, 通知, 主持, 監視, 終歸, 輔助, 消化

A+V: 藐視, 無視, 忠告, 早起, 早睡, 深愛, 晚到, 晚起

Ad+V: 相信, 相愛, 相對, 互補, 曾經

N+A: 病毒, 病危, 病重, 天真, 口紅, 火熱, 光芒, 光耀

V+A: 加強, 加緊, 逼迫, 逼真, 逼切, 偽善, 降低, 升高

A+A: 聳立, 高聳, 鮮明, 鮮紅, 蒼白, 慘淡, 志忑, 特長

Ad+A: 相同, 相異, 好久, 只好, 恰巧

V+Ad: 立即, 立先, 立就, 比較, 逐漸

A+Ad: 早已, 早就, 少至, 急至, 同治

Ad+Ad: 即使, 並且, 未必, 剛才, 即於

ㄹ. 병렬구성

반의 N+N: 左右, 上下, 前後, 南北, 生死, 因果, 矛盾, 东西

V+V: 出納, 進出, 對錯, 得失, 捨得, 取捨, 來去, 出入, 坐立

A+A: 善惡, 好惡, 悲喜, 強弱, 成敗, 虛實, 動靜, 橫豎, 是非

대등 N+N: 公婆, 夫妻, 君臣, 士兵, 官兵, 牙舌, 天地, 乾坤, 日月

V+V: 創建, 成立, 編審, 教授, 裁縫, 消減, 參謀

A+A: 清淡, 深重, 厚重, 仁慈, 仁德, 忠孝, 寬大, 寬厚, 酸辣

유의 N+N: 文章, 心志, 語言, 社稷, 疾病, 顔色, 朋友, 人民, 道路

V+V: 刑罰, 講評, 批評, 評論, 慰藉, 沐浴, 死亡, 會合, 辨析

A+A: 正直, 困难, 勤勞, 安息, 安樂, 剛強, 端正, 清新, 邪惡

종첩 N+N: 年年, 岁岁

V+V: 蹦蹦, 跳跳

A+A: 滿滿, 慢慢, 茫茫

ㅁ. 기타 구성

N+양사: 課本, 書本, 書卷, 馬匹, 羊群, 車輛, 船隻, 級紙

양사+N: 匹夫, 隻手, 隻身, 片面, 單身, 單人, 雙拳, 雙面

수사+N: 一生, 兩家, 三人, 四海, 五湖, 六國, 七仙, 八戒

수사+양사: 一個, 兩, 隻三片, 四朵, 五輛, 六杯, 七條, 八根

수사+Ad: 一再, 一往, 一直

Ad+수사: 再三

Ad+Ad: 單就, 又還, 又再

V+Ad: 走好, 走先, 走慢, 走岔, 說好

V+A: 完成, 達到, 撤回, 打敗, 打死, 提高, 提升

2.2.2. 중국어 이합사의 성분 구조

통사적 합성어와 통사적 구성은 그 직접성분이 자립형식(자립어간 또는 어절)이라는 점에서 비슷하지만, 그 구조와 기능을 다르다. 통사적 구성은 통사론에서 둘 이상의 성분으로 기능한다. 통사적 합성어는 한 개의 단어로서, 통사론에서 한 개의 성분으로 기능한다. 달리 말하자면, 통사적 합성어의 성분은 통사론에서 다른 성분과 통사적 관계를 형성하지 못한다는 것이다. 이러한 통사적 합성어의 특성은 다음과 같은 복합어의 성분에 대한 통사적 제약을 준수한다.

(26) 복합어의 성분에 대한 통사적 제약
복합어의 성분인 어근이나 파생 접사는 그 복합어와 결합하는 언어 형식과 통사적 관계를 형성하지 못한다.

예컨대 '马车, 看台' 등의 합성어에서 '马车'와 '看台'의 '马'와 '车', '看', '台'는 다른 통사적 성분과 통사적 관계를 형성하지 못한다.

(27) ㄱ. *[[大马] 车]
ㄴ. *[小心地看] 台]

중국어 이합사는 언뜻 보기에는 합성어와 잘 구별되지 않지만, 복합어의 성분에 대한 통사적 제약을 고려하면, 구로 볼 수 있는 구성이다. 이합사 '安心'을 보기로 한다. '安心'의 성분인 '安'과 '心'은 각각 다른 통사적 성분과 어떤 관계를 형성할 수 있다. 예컨대, 다음과 같은 구조로 사용된다. '安心'의 이러한 특징은 그것이 합성어가 아니라, 통사적 구성임을 보여주는 것이다.

(28) ㄱ. [[安]不了] 心
　　　ㄴ. 安 [[谁的]心]]

또 이합사 '上课'는 목적어를 선택할 수 없는데, 그 까닭은 '上'이 타동사로서 이미 목적어 '课'를 선택하고 있기 때문이다. 따라서 이합사 '上课'는 합성어가 아니라 통사적 구성임을 알 수 있다.

(29) ㄱ. 上中文
　　　ㄴ. *上课中文

그러나 이러한 특징을 가신 이합사는 확상하면 통사적 구성임을 분명히 확인할 수 있으나, 확장되지 않은 본래의 형식을 보면 다른 합성어와 쉽게 구별되지 않는다. 이합사가 단어를 이루는 두 구성성분이 서로 결합하거나 서로 분리할 수 있는 것이며 결합하였을 때는 단일한 의미를 가지는 단어가 되지만 분리하였을 때는 구가 된다[7]고 한 것은 이러한 이합사의 특징을 잘 기술하고 있다.

만일 이합사를 합성어의 한 종류로 기술한다면, 중국어 합성어는 통사적 구성으로 확장되지 않는 합성어와 통사적 구성으로 확장될 수 있는 합성어로 나누어야 할 것이다. 그리고 통사적 구성으로 확장되는 합성어(이합사)의 성분이 다른 통사적 성분과 관계를 형성한다는 것을 기술해야 한다. 이합사는 합성어가 아니라 통사적 구성으로 간주하여야만 확장된 문법적 기술할 수 있게 된다.

이 책에서는 여러 학자들의 견해를 종합하여 다음과 같이 이합사의

---

[7]　　中國語言學大辭典, 江西敎育出版社, 1991, p.279.

구성 유형을 제시한다.

   (30) 중국어 이합사의 구성 유형
      1. 동목식: 握手、出席、投票、犯罪、消毒
      2. 동보식; 推翻、打倒、说服、上来、过去
      3. 연합식: 情绪、思想、张望、吵闹、拘束
      4. 주술식: 嘴硬、心烦、命苦、性急、心寒
      5. 수식식: 同学、彻底

이합사의 대부분은 '동목식'으로, ≪現代漢語詞典≫에 등재된 이합사 중 '동목식'의 비율은 약 93.6% 차지하고 있고, 다음으로 '동보식' 이합사가 약 5% 정도 된다. 다른 유형의 이합사는 거의 없다. 이 책에서는 이합사의 품사에 따른 분류를 다음과 같이 한다.

   (31) 품사에 따른 분류
    ① V+N → V
     [安心]V [拜师]V [办案]V [操心]V [出国]V [动身]V
    ② V+V → V
     [报到]V [成交]V [害怕]V [造反]V [留学]V [受罚]V
    ③ V+A → V
     [超重]V [帮忙]V [吃苦]V [发愁]V [务实]V [叙旧]V

중국어 이합사의 대부분은 '동목식'과 '동보식' 형식이기 때문에 이 책에서도 이 두 가지 형식에 분석하기로 한다. 중국어 이합사의 구성 유형을 다시 정리하여 제시해보면 다음과 같다.

(32) ㄱ. 동목구성

     V+N: 上课, 上学, 跑步

     V+V: 出诊, 害怕, 留学

     V+A: 拔尖, 超重, 帮忙

  ㄴ. 동보구성

     V+V: 出来, 进去, 看见

     V+A: 完成, 提高, 抓紧

2.3. 한국어 한자어 합성어와 중국어의 대응 관계

한국어 한자어 합성어는 중국어 합성어에 대응하는 것들도 있고, 이 합사에 대응하는 것들도 있다. 앞서 제시된 구성 유형에 따라 서로 대응관계가 정리해보겠다.

합성어의 성분 구조과 품사 대응관계를 표로 제시하면 아래와 같다.

[표 2] 한국어 한자어 합성어와 중국어 합성어의 성분 구조와 품사

	한국어 한자어 합성어	중국어 합성어
주술구성	n+v, n+a	N+V, N+A
술목구성	v+n, v+v	V+N
수식구성	n+n, v+n a+n, v+v, a+v, ad+v, ad+a	N+N, V+N, A+N, Ad+N, N+V, V+V, A+V, Ad+V, N+A, V+A, A+A, Ad+A, V+Ad, A+Ad, Ad+Ad
병렬 구성	반의	n+n, v+v, a+a, ad+ad	N+N, V+V, A+A

대등	n+n, v+v, a+a	N+N, V+V, A+A
유의	n+n, v+v, a+a	N+N, V+V, A+A
중첩	n+n, v+v, a+a	N+N, V+V, A+A
기타구성	v+n, a+n	N+양사, 양사+N, 수사+N, 수사+양사, 수사+Ad, Ad+수사, Ad+Ad, V+Ad, V+A

다음에 한국어 한자어 합성어와 중국어 이합사의 성분 구조와 품사의 대응관계를 표로 제시하면 아래와 같다.

[표 3] 한국어 한자어 합성어와 중국어 이합사의 성분 구조와 품사

구성유형	한국어 한자어 합성어	중국어 이합사
동목구성	V+N V+V V+A	V+N V+V V+A
동보구성	V+V V+A	V+V V+A

제 3 장

한국어 한자어 합성어와
중국어 합성어의 대조

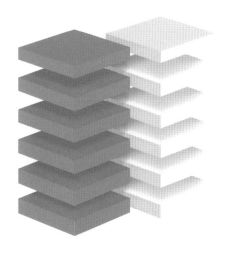

한국어 한자어 합성어와
중국어 합성어의 대조

이 장에서는 앞서 제시된 한국어 한자어 합성어와 중국어 합성어의 직접 성분의 형태적 관계, 통사적 관계에 따라서 형태, 품사, 용법 세 가지 방면으로 합성어의 유형을 분류하고 대조 해보기로 한다.

3.1. 형태에 따른 대조

한국어와 중국어의 조업법이 서로 다르기 때문에 한국어 한자어 합성어의 구성성분을 어간과 특수어간으로 보고, 중국어 합성어의 구성성분을 어간과 단어로 규정하였다. 먼저 2장에서 제시된 한자합성어와 중국어 합성어의 형태 구성에 따라 두 언어를 대조하면 아래 표와 같다.

[표 4] 한국어 한자 합성어와 중국어 합성어의 형태 구성

형태 구성	한국어 한자 합성어		중국어 합성어	
어간+어간	O	病菌	O	天地
어간+특수어간 / 특수어간+어간	O	香水(어간+특수어간) 犯罪(특수어간+어간)	X	-
특수어간+특수어간	O	强弱	X	-

위 표를 보면 두 언어는 모두 '어간+어간'의 형식으로 나온 경우가 있다. 한국어 한자어 합성어는 '어간+특수 어간/특수 어간+어간'과 '특수 어간+특수 어간'의 결합하는 경우도 있고, 중국어 합성어는 '어간+어간' 형식만 있다는 차이점을 볼 수 있다.

3.1.1. 어간+어간

한국어 한자어 합성어와 중국어 합성어는 형태상에 '어간+어간'의 같은 형식이 있다. 이런 어휘들에는 다음과 같은 것들이 있다.

(1)의 예들은 모두 '어간+어간'의 형태로 구성된 한국어 한자어 합성어 인데 (ㄱ)은 2음절로 형성된 합성어이고, (ㄴ)은 3음절로 형성된 합성어이고, (ㄷ)은 4음절로 형성된 합성어이다.

(1) 한국어 한자어 합성어(어간+어간)
    ㄱ. 刑罰(형+벌) 病菌(병+균) 江山(강+산) 王宮(왕+궁)
    ㄴ. 骨髓炎(골수+염[8]) 休戰線(휴전+선) 南大門(남+대문)

---

8   炎(염)은 일상용언에서 쓰이지 않지만 의학 전문 용언에서 명사로 쓰인다. 이 책에서는

ㄷ. 男女老少(남녀+노소) 交通事故(교통+사고) 美人大會(미인+대회)
出入不可(출입+불가) 資源節約(자원+절약)

(ㄱ)은 병렬관계를 나타내는 한자어 합성어이다. 예를 들면 [江山(강+산)]에서 [江]은 '넓고 길게 흐르는 큰 물줄'이라는 뜻의 명사로 쓰이고 [山]은 '평지보다 높이 솟아 있는 땅의 부분'이라는 뜻의 명사로 쓰이고 합쳐서 [江山]은 병렬관계이다.

(ㄴ)은 수식관계를 나타내는 한자어 합성어이다. 예를 들면, [休戰線(휴전+선)]에서, [休戰]은 '교전국이 서로 합의하여, 전쟁을 얼마 동안 멈추는 일'이라는 뜻의 명사로 쓰이고, [線]은 '그어 놓은 금이나 줄'이라는 뜻의 명사로 쓰인다. [休戰線]은 수식관계이다.

(ㄷ)은 병렬관계와 주술관계를 나타내는 한자어이다. [男女老少(남녀+노소)]은 병렬관계이고, [交通事故(교통+사고)]는 수식관계이다.

(2)의 예들은 모두 '어간+어간'의 형태로 구성된 중국어 합성어이다, (ㄱ)은 2음절로 형성된 합성어이고, (ㄴ)은 3음절로 형성된 합성어이고, (ㄷ)은 4음절로 형성된 합성어이다.

(2) 중국어 합성어(어간+어간)
    ㄱ. 黄金 白银 雨水 父母 天地 雪白 货物 冰凉 山峰 黑夜 暗藏 北方 火
       热 春季 客人 眉毛 天蓝 血红 兄弟 国家 外表 疤痕 前额 提高 缩短
       减少 改正 超出 贬低 扩大 迈进 好看
    ㄴ. 建筑物(建筑+物) 竞技场(竞技+场) 工业品(工业+品) 图书馆(图书+
       馆) 动物园(动物+园) 无人岛(无人+岛) 文具店(文具+店) 白皮书(白皮
       +書) 乒乓球(乒乓+球) 洗涤劑(洗涤+劑) 手术台(手术+台) 外国人(外

전문 용언도 명사로 정한다.

国+人) 人生观(人生+观) 人参茶(人参+茶) 参考书(参考+书) 学生证
(学生+证) 韩国人(韩国+人)

ㄷ. 高等學校(高等+學校) 高速公路(高速+公路) 工程現場(工程+現場) 多
災多難(多災+多難)

(ㄱ)은 주로 병렬관계를 나타낸다. 예를 들면 [天地]에서, [天]은 '하
늘'이라는 뜻이며 명사로 쓰이고, [地]는 '땅'이러는 뜻이며 명사로 쓰
이고, [天地]는 병렬관계이다.

(ㄴ)은 주로 수식관계를 나타낸다. 예를 들면 [無人島(無人+島)]에서,
[無人]은 '사람이 없다'라는 뜻이며 명사로 쓰이고, [島]는 '섬'이라는
뜻이며, 명사로 쓰이고, 합쳐서 [無人島]는 '사람 없는 섬'이라는 뜻을
나타내는 수식관계이다.

(ㄷ)은 병렬관계와 수식관계를 나타낸다. 예를 들면 [高速公路(高速+公
路)]는 병렬관계를 나타내고, [多災多難(多災+多難)]는 수식관계를 나타
난다.

이상에서 한국어와 중국어의 합성어에서 '어간+어간'의 형태로 구
성된 것을 살폈는데, 한국어 한자어 합성어와 중국어 합성어는 대부분
2음절, 3음절, 4음절 어휘이며, 2음절 어휘는 주로 병렬관계를 나타내
고, 3음절 어휘는 주로 수식관계를 나타내고, 4음절 어휘는 주로 병렬
관계와 수식관계를 나타내는 것을 볼 수 있다. 이 밖에 다른 관계를
가지고 있는 경우도 있을 수 있다.

3.1.2. 어간+특수어간 / 특수어간+어간

'어간+특수어간/ 특수어간+어간'의 구성 형식은 한국어 한자어 합

성어에만 있는 것이고 중국어 합성어에 없는 것이다. 이런 어휘로는 다음과 같은 것들이 있다.

(3)에 제시된 '어간+특수어간/ 특수어간+어간'의 한국어 한자어 합성어는 (ㄱ)은 2음절로 형성된 합성어이고, (ㄴ)은 3음절로 형성된 합성어이고, (ㄷ)은 4음절 이상으로 형성된 합성어이다. 4음절이상의 합성어는 2개 이상의 어간과 특수어간이 결합하거나 2개 이상의 특수어간과 어간이 결합하여 구성되는 것이다.

(3) 한국어 한자어 합성어(어간, 특수어간)
ㄱ. 어간+특수어간: 香水(향+수) 兄弟(형+제) 車道(차+도) 妻家(처+가)
  특수어간+어간: 友情(우+정) 發病(발+병)
ㄴ. 어간+특수어간: 周邊國(주변+국) 地下水(지하+수) 門風紙(문풍+지) 終着驛(종착+역)
ㄷ. 어간+어간+특수어간: 특수어간+어간+어간: 多者間貿易協商(다자간+무역+협상)

2음절의 합성어는 병렬관계, 수식관계를 가지고 있다. 예를 들면 [兄弟(형+제)]에서, '형과 아우를 아울러 이르는 말'이라고 뜻이고, 병렬관계로 이루어져 있다. [女湯(여+탕)]에서, '여자만 사용하게 되어 있는 목욕탕'이라는 뜻이고, 수식관계로 이루어져 있다. 3음절의 합성어는 수식관계로 이루어져 있다. 예를 들면, [地下水(지하+수)]에서 [地下]는 '땅속이나 땅속을 파고 만든 구조물의 공간'이라는 뜻이고, 뒤에 [水]가 붙으면 '땅속의 토사·암석 따위의 빈틈을 채우고 있는 물'이라는 뜻으로 수식관계가 된다. 4음절 이상의 합성어는 몇 개의 어간이나 특수어간으로 결합되어 단체 명칭을 구성하는 것이다.

3.1.3. 특수어간+특수어간

'특수어간+특수어간'의 구성 형식은 한국어 한자어 합성어에만 있는 것이고 중국어 합성어에 없는 것이다. 이런 어휘에는 다음과 같은 것들이 있다.

> (4) 한국어 한자어 합성어(특수어간+특수어간)
> ㄱ. 加減(가+감) 强弱(강+약) 讀書(독+서) 防水(방+수) 放火(방+화)
> ㄴ. 强大國(강대+국) 弱小國(약소+국)
> ㄷ. 家家戶戶(가가+호호) 共産主義(공산+주의)

'특수어간+특수어간'의 한국어 한자어 합성어는 주로 2음절어에서 많이 나타나고, 3음절어에서는 잘 발견되지 않는다. 또 4음절 이상의 경우에는 반복구성 합성어나 한자 숙어에서 주로 발견되고 일부 학술 용어에서도 볼 수 있으나 그 외에는 거의 발견되지 않는다.

3.2. 품사에 따른 대조

2장에서 제시된 한국어 한자어 합성어와 중국어 합성어의 성분을 품사에 따라 대조하면 아래의 표와 같다.

[표 5] 한국어 한자어 합성어와 중국어 합성어의 성분의 품사

품사 구성	한국어 한자어 합성어	중국어 합성어
① N+N	O	O

② V+N	O	O
③ A+N	O	O
④ N+V	O	O
⑤ V+V	O	O
⑥ A+V	O	O
⑦ Ad+V	O	O
⑧ N+A	O	O
⑨ V+A	X	O
⑩ A+A	O	O
⑪ Ad+A	O	O
⑫ V+Ad	X	O
⑬ A+Ad	X	O
⑭ Ad+Ad	X	O

위 표를 보면 두 언어에서 같은 품사 구성 형식은 'N+N, V+N, A+N, N+V, V+V, A+V, Ad+V, N+A, A+A, Ad+A' 등 10가지 종류가 있다. 그리고 'V+A, V+Ad, A+Ad, Ad+Ad'의 구성 형식은 중국어 합성어에만 있는 것이다.

① N+N

'N+N' 형식의 합성어는 두 언어에서 모두 'N'이 된다. 이 형식에 해당하는 각 언어의 어휘들은 아래와 같다.

(5) 한국어 한자어 합성어('N+N' 형식)
   [江山]n [江南]n [男女]n [茶房]n [美人]n [病菌]n [木枕]n [民心]n

[父母]n [副詞]n [事業]n [山水]n [山川]n [歲月]n [身體]n [眼鏡]n
[王宮]n [藥局]n [春秋]n [冊床]n [妻家]n [天地]n [土地]n [河川]n
[花鳥]n [風雪]n [草木]n [齒藥]n [鄕軍]n [兄弟]n [南大+門]n [寶石+
商]n [電子+會社]n

(6) 중국어 합성어('N+N' 형식)
[左右]N [朋友]N [电车]N [耳语]N [市民]N [图书]N [梅花]N [玉石]N
糯米]N [松树]N [菊花]N [柳树]N [钟表]N [语言]N [根本]N [道路]N
[途径]N [春天]N [春秋]N [土地]N [江山]N [木耳]N [骨肉]N [岁月]N
[乒乓+球]N [中山+服]N

② V+N

'V+N' 형식은 한국어 한자어 합성어에서 '명사와 동사구'가 되고,
중국어 합성어에서는 'N/V'가 된다. 이 형식의 어휘에는 다음과 같은
것들이 있다.

'V+N' 형식으로 이루어진 합성어 중에서 한국어 한자어 합성어는
기본적으로 '명사'가 되지만 '-하다' 형 어말 어미와의 결합으로 '동사
(구)'가 될 수 있는 것도 있다. 이때 후자의 경우에 속하는 단어들은 주
로 동작을 설명하는 명사들로 이는 한국어의 일반적인 어휘 활용 방
식과 같다고 할 수 있겠다. 중국어의 합성어는 '명사'가 되기도 하고
'동사(구)'가 되기도 하고 때로 명사와 동사의 겸류 현상을 보이기도
한다. 각각에 해당하는 예는 아래와 같다.

(7) 한국어 한자어 합성어('V+N' 형식)
[加工]n [講堂]n [洗劑]n [演劇]n [看病]n/+v[9] [改良]n/+v [改革]
n/+v [改善]n/+v [練習]n/+v[洗手]]n/+v [見學]n/+v [交易]n+v [乘

船]n+v

(8) 중국어 합성어('V+N' 형식)

[担心]V [负责]V [留意]V [剪彩]V [毕业]V [安心]V [抱歉]V [创业]V

[改组]V [动手]V [出气]V [得意]V [懂事]V [读书]V [写字]V [迎春]V

[冒险]V [当差]N/V [理事]N/V [登山]N/V [上学]V

위의 V+N형식은 한국어 한자어의 경우 명사 혹은 명사와 동사의 중복 품사 형태로 많이 나타나는 반면 중국어의 경우 대부분 동사로 합성됨을 볼 수 있다. 이는 두 언어의 차이에서 비롯되는 것인데, 한국어의 한자어는 비록 명사로 합성된다고 할지라도 그 단어의 내용이 모두 동작을 설명하는 것이기 때문에 - 하다와의 결합으로 동사로 품사 전환이 가능한 예들이 많다. 반면 중국어는 명사와 동사는 통사적 성격보다는 그 단어가 지칭하는 의미 범주에 따라 품사를 분류하는 경향이 있기 때문에 위와 같은 동작을 설명하는 단어들은 대체로 동사로 분류되는 것이 일반적이다. 설사 명사 항목을 가진다고 해도 그것은 동작을 설명하는 것이 아니라 그 동작을 하는 사람, 혹은 그에 대한 전문 기술 용어 등으로 의미 전환이 일어난다. 예를 들어 상술한 단어 중 登山은 등산하다는 의미의 동사이지만 명사 항목에는 체육학에서 말하는 '등산'이라는 전문 기술 용어가 된다.

③ A+N

'A+N' 형식은 한국어 한자어 합성어에서 명사가 되고, 중국어 합성어에서는 'N/A'가 된다. 이 형식의 어휘에는 다음과 같은 것들이 있다.

---

9 +v= 동사구, 뒤에 '~하다, ~되다' 붙으면 동시구가 될 것이다.

(9) 한국어 한자어 합성어('A+N' 형식)
[大臣]n [美女]n [好材]n [所見]n

(10) 중국어 합성어('A+N' 형식)
[老人]N [红旗]N [奇迹]N [公路]N [黑板]N [绿树]N [苦果]N [白菜]N
[缺口]N [热水]N [凉水]N [热气]N [废气]N [废水]N [胖人]N [瘦人]N
[老师]N

　A+N으로 구성된 합성어는 한국어와 중국어에서 모두 대부분 명사
형태로 나타난다. 수식 구조의 단어나 구는 중심어의 품사적 성격을
따라가는 것이 일반적이기 때문이다.

④ N+V
　'N+V' 형식은 한국어 한자어 합성어에서 명사나 동사구가 되는 것
이고, 중국어 합성어에서 'N/V'가 될 것이다. 이 형식의 어휘에는 다
음과 같은 것들이 있다.

(11) 한국어 한자어 합성어('N+V' 형식)
[人造]n [日沒]n [波及]n/+v [波動]n

(12) 중국어 합성어('N+V' 형식)
[地震]V [山甫]V [霜降]N/V [海啸]N/V [心得]N/V [日食]N/V [耳
鸣]N/V [事变]N/V [自杀]N/V [自动]V [人为]N/V [电视]N

⑤ V+V
　'V+V' 형식은 한국어 한자어 합성어에서 'N/+V'가 되고, 중국어 합

성어에서는 'N/V/Ad'가 된다. 이 형식의 어휘들을 다음에 제시한다.

    (13) 한국어 한자어 합성어('V+V' 형식)
        [看護]n/+v [監督]n/+v [感傷]n/+v [感化]n/+v [開放]n/+v [購買]n/
        +v [訪問]n/+v [訴訟]n/+v

    (14) 중국어 합성어('V+V' 형식)
        [开关]N [来往]N [得失]N [伸缩]V [买卖]N [动静]N [听说]V [读写]V
        [审查]V [诞生]V [流淌]V [奔跑]V [离别]V [积累]V [制造]V [倒退]V
        [打击]V [记住]V [推动]V [改进]V [始终]Ad

⑥ A+V

  'A+V' 형식은 한국어 한자어 합성어에서 'n/a/+v'가 되고, 중국어
합성어에서 'N/V/A'가 된다. 이 형식의 어휘들을 다음에 제시한다.

    (15) 한국어 한자어 합성어('A+V' 형식)
        [密接]n/a [速讀]n/+v [速斷]n/+v [順應]n/+v [順從]n/+v [細分]n/
        +v [受容]n/+v [審理]n/+v

    (16) 중국어 합성어('A+V' 형식)
        [干洗]N [小说]N [长跑]N [欢迎]V [重视]V [沉思]V [善战]A [轻视]A
        [好看]A

⑦ Ad+V

  'Ad+V' 형식은 한국어 한자어 합성어에서 'n/+v'가 되고, 중국어 합
성어에서 'N/V/Adv'가 된다. 이 형식의 어휘들을 다음에 제시한다.

(17) 한국어 한자 합성어('Ad+V' 형식)

[相談]n/+v [相對]n/+v [相思]n/+v [常備]n/+v [始作]n/+v [始发]n/+v

(18) 중국어 합성어('Ad+V' 형식)

[相愛]N [相對]N [互補]V [相信]V [曾經]Adv

⑧ N+A

'N+A' 형식은 한국어 한자어 합성어에서 n/+v/a가 되고, 중국어 합성어에서 'N/A'가 된다. 이 형식의 어휘들을 다음에 제시한다.

(19) 한국어 한자어 합성어(N+A' 형식)

[夜深]n [家貧]n/+v/a [心痛]n/a [土深]n [文弱]n/a

(20) 중국어 합성어(N+A' 형식)

[口红]N [蒜黄]N [蛋白]N [雪白]A [笔直]A [桃红]A [火热]A [火红]A
[冰冷]A [天蓝]A [蛋黄]N [胆怯]A [面熟]A [肉麻]A [手软]A [心寒]A
[性急]A [口重]A

⑨ V+A

'V+A' 형식은 중국어 합성어에만 있는 것이고, 'V'가 된다. 이 형식의 어휘들을 다음에 제시한다.

(20) 중국어 합성어('V+A' 형식)

[分清]V [说明]V [提高]V [降低]V [削弱]V [放大]V [缩小]V [改正]V
[跳高]V

⑩ A+A

'A+A' 형식은 한국어 한자어 합성어에서는 'n/a'가 되고, 중국어 합성어에서는 'N/A/Ad'가 된다. 이 형식의 어휘에는 다음과 같은 것들이 있다.

(21) 한국어 한자어 합성어('A+A' 형식)
　　　[老少]n [明暗]n [喜悲]n [廣大]n/a [冷淡]n/a [仁慈]n/a [永久]n/a
　　　[巨大]n/a [空虛]n/a [恭敬]n/a [謙虛]n/a [怪異]a [剛直]a [公明]a
　　　[堅固]a [高雅]a [緩緩]a [蕩蕩]a [疊疊]n/a

(22) 중국어 합성어('A+A' 형식)
　　　[长短]N [高低]N [贵贱]N [轻重]N [利害]N [冷热]A [多寡]A [大小]A
　　　[深浅]A [寒冷]A [惭愧]A [热爱]A [美好]A [善良]A [方圆]A [反正]Ad

⑪ Ad+A

'Ad+A' 형식은 한국어 한자어 합성어에서는 'a'가 되고, 중국어 합성어에서는 'A/Ad'가 된다. 이 형식의 어휘에는 다음과 같은 것들이 있다.

(23) 한국어 한자어 합성어('Ad+A' 형식)
　　　[可憐]a [極甚]a

(24) 중국어 합성어('Ad+A' 형식)
　　　[相同]A [相異]A [只好]Ad [恰巧]Ad

⑫ V+Ad

'V+Ad' 형식은 중국어 합성어에만 있고, 'Ad'가 된다. 이 형식의 어휘에는 다음과 같은 것들이 있다.

> (25) 중국어 합성어('V+Ad' 형식)
> [立即]Ad [立就]Ad [比較]Ad [逐漸]Ad

⑬ A+Ad

'A+Ad' 형식은 중국어 합성어에만 있는 것이고, 'Ad'가 되며, 이 형식의 어휘네는 다음과 같은 것들이 있다.

> (26) 중국어 합성어('A+Ad' 형식)
> [무리]Ad [早就]Ad [少至]Ad [急至]Ad

⑭ Ad+Ad

'Ad+Ad' 형식은 중국어 합성어에만 있는 것이고, 'Ad'가 되며, 이 형식의 어휘에는 다음과 같은 것들이 있다.

> (27) 중국어 합성어('Ad+Ad' 형식)
> [並且]Ad [未必]Ad [剛才]Ad

이상의 품사 분석에서 중국어가 한국어에 비해 훨씬 더 다양한 품사 조합을 나타냄을 알 수 있다. 이는 중국어의 합성 능력이 한국어의 한자에 비해 훨씬 더 강하다는 것을 나타내는데, 한국어의 한자어는 한자가 언어생활의 주요 요소로 작용하던 시기에 형성되어 전해져 내

려오는 것들이 대부분이며 그렇지 못한 시기에 그 한자들은 어떤 새로운 단어를 형성하는 조어력을 가지지 못하기 때문이다. 반면 중국어에서 이 한자들 즉, 일음절 단어 혹은 형태소들은 현대 중국어의 기본 단위로서 여전히 작용하므로 왕성한 조어력을 가져 수많은 단어들을 생성해낼 수 있다. 따라서 더 많은 구조 형태의 단어들이 있게 된다.

3.3. 용법에 따른 대조

한자어는 기본적으로 중국어로부터 비롯된 것이 많다는 점에서 중국어의 요소를 갖게 되며, 그것이 한국어 속에서 쓰일 때에는 여러 언어 층위에서 한국어의 영향을 받게 된다. 음운론적 측면도 일부 있기는 하지만, 주로 통사론적, 의미론적 층위에서 그 영향이 두드러진다. 한자어의 어휘체계, 특히 통사론적, 의미론적 체계는 순수한 한국어나 중국어의 그것과는 차이가 있으므로, 한자어 합성어와 중국어 합성어의 같고 다른 점을 몇 가지 유형으로 나누어 설명하고 어휘목록을 제시하겠다.

[표 6] 한국어 한자어 합성어와 중국어 합성어의 용법 대조

	대조 유형 분류
동형동의	$AB=^{10}AB$

---

10 형태소는 "ABCD……"로 표시하고, 대응한 의미 관계는 "=, ≠, ～, >……" 등의 부호로 표시한다.

동형이의	① AB≠AB(동형 완전이의), ② AB~AB(동형 부분이의), ③ AB>AB(동형 축소된 이의), ④ AB<AB(동형 확장된 이의)
이형동의	① AB=AC형, ② AB=CA형, ③ AB=CB형, ④ AB=BC형' ⑤ AB=BA형, ⑥ AB=CD형

2음절 합성어가 가장 많기 때문에 2음절 합성어를 대조 대상으로 정한다.

3.3.1. 동형동의

'동형동의' 합성어는 한국어 한자어 합성어와 중국어 합성어 양쪽 모두의 어휘에서 형태소의 수나 의미상 유사점이 많으며, 차이점 없는 것이다. 이런 어휘들은 다음과 같은 것들이 있다.

(28) 동형동의 합성어

북방(北方: 北方) 지도(地圖: 地图) 동물(動物: 动物)

환경(環境: 环境) 국가(國家: 国家) 결정(決定: 决定)

계절(季節: 季节) 역사(歷史: 历史) 모자(帽子: 帽子)

세계(世界: 世界) 태양(太陽: 太阳) 체육(體育: 体育)

문화(文化: 文化) 안경(眼鏡: 眼镜) 음악(音樂: 音乐)

주말(週末: 周末) 은행(銀行: 银行) 교실(教室: 教室)

여인(女人: 女人) 생일(生日: 生日) 한어(漢語: 汉语)

상점(商店: 商店) 운동(運動: 运动) 신선(新鮮: 新鲜)
학생(學生: 学生) 의자(椅子: 椅子) 학교(學校: 学校)
의복(衣服: 衣服) 각오(覺悟: 觉悟) 간병(看病: 看病)
개통(開通: 开通) 개표(開票: 开票) 고시(考試: 考试)
고저(高低: 高低) 검거(檢擧: 检擧) 게시(揭示: 揭示)
재판(裁判: 裁判) 곡예(曲藝: 曲艺)

위에 있는 어휘 중에서 몇 개의 어휘를 골라서 설명하겠다.

[지도(地圖: 地图)]

지구 표면의 상태를 일정한 비율로 줄여, 이를 약속된 기호로 평면에 나타낸 그림은 한국어와 중국어에서 모두 '地圖'라고 한다.

[역사(歷史: 历史)]

인류 사회의 변천과 흥망의 과정, 또는 그 기록은 한국어와 중국어에서 모두 '歷史'라고 한다.

[은행(銀行: 银行)]

예금을 받아 그 돈을 자금으로 하여 대출, 어음 거래, 증권의 인수 따위를 업무로 하는 금융 기관은 한국어와 중국어에서 모두 '銀行'이라고 한다.

[주말(週末: 周末)]

한 주일의 끝 무렵. 주로 토요일부터 일요일까지를 이른다는 말은 한국어와 중국어에서 모두 '週末'이라고 한다.

3.3.2. 동형이의

'동형이의' 합성어는 한국어 한자어 합성어와 중국어 합성어의 어휘의 형태소의 수가 같고, 같은 글자로 쓰이지만 지니는 뜻이 다른 것이다. 이중에서 뜻에 따라 AB≠AB(동형 완전이의), AB~AB(동형 부분이의), AB>AB(동형 축소된 이의), AB<AB(동형 확장된 이의)로 분류한다.

① AB ≠ AB

동형 완전이의 합성어의 의미 차이가 나타나는 원인에 따라 두 가지 유형으로 나눌 수 있으며, 아래 표와 같은 어휘들이 있다.

[표 7] 동형 완전이의 합성어의 발생 원인

원인1: 양국 본래 의미자체가 다른 경우	告訴, 工夫, 經理
원인2: 긍정적 혹은 부정적, 혹은 중의적 의미로 다르게 사용하는 경우	工作, 小心, 放心

동형 완전이의 합성어는 다음과 같이 제시할 수 있다.

(29) 동형 완전이의 합성어
(고소 告訴): 告诉[11]　(공부 工夫): 工夫　(경리 經理): 经理

11　'동형이의'에서, ':' 왼쪽에는 한국어 한자어 합성어로, '( )'로 표시되고, 오른쪽에는 대응한 중국어 합성어이다.

(시험 試驗): 试验	(방조 幫助): 帮助	(소심 小心): 小心
(공작 工作): 工作	(동서 東西): 東西	(계단 階段): 阶段
(방학 放學): 放学	(애인 愛人): 爱人	(과자 菓子): 果子
(가족 家族): 家族	(기차 汽車): 汽车	(창문 窓門): 窗门
(강의 講義): 讲义	(만두 饅頭): 馒头	(신문 新聞): 新闻
(약수 藥水): 药水	(전년 前年): 前年	(접수 接受): 接受
(지원 志願): 志愿	(생수 生水): 生水	(질문 質問): 质问
(점심 點心): 点心	(전공 專攻): 专攻	(평화 平和): 平和
(합동 合同): 合同	(냉장고 冷藏庫): 冷藏库	

위에 있는 어휘중의 일부 어휘에 대해 설명하면 다음과 같다.

[(고소 告訴): 告诉]

韓: 고소하다, 고발하다, 제소하다

　　例 경찰에 고소당하다.(向警察告发了)

中: 말하다, 알리다.

　　例 告诉大家。(사람들에게 알리다)

[(공부 工夫): 工夫]

韓: 공부(하다).

　　例 나는 한국어를 공부한다.(我学习韩国语)

中: ① 시간, 틈, 짬.

　　例 现在你有没有工夫?(지금 시간이 있나요?)

　　② 조예, 재주, 솜씨, 기량.

　　例 他对书法很用工夫。(그는 서예에 온갖 힘과 정성을 기울인다)

③ 노력.

예 不下工夫的写作通常会有不愉快的阅读。(노력 없이 쓰인 글
은 대개 감흥 없이 읽힌다.)

[(경리 經理): 经理]

韓: 어떤 기관이나 단체에서 물자의 관리나 금전의 출납 따위를
맡아보는 사무. 또는 그 부서나 사람.

예 그는 학비를 마련하기 위해 조그만 회사의 경리로 일했
다.(他为了准备学费在小公司做过出纳)

中: ① 지배인, 책임자, 경영자, 사장, 매니저.

예 他是这个公司的经理。(그는 이 회사의 사장이다.)

② 경영 관리하다.

예 这个公司由他儿子经理。(이 회사는 그의 아들이 경영 관리
하고 있다.)

[(시험 試驗): 试验]

韓: 재능이나 실력 따위를 일정한 절차에 따라 검사하고 평가하
는 일.

예 이번 주말에 한국어 능력시험 있다.(这个周末有韩国语能力
考试)

中: 실험하다. 테스트하다.

예 这个方法好不好, 你可以先试验一下。(이 방법은 어떤지 테
스트해 봐.)

[(방조 幫助): 帮助]

韓: <법> 다른 사람의 범죄의 수행에 편의를 주는 유형, 무형의
      행위.

      예 범인을 은닉시켜 주는 것은 그의 범죄를 방조하는 거나
         다름없다.(藏匿犯人其犯罪和胁从没有什么两样。)

中: 도와주다, 돕다.

      예 他常常帮助我。(그는 종종 나를 돕는다.)

[(소심 小心): 小心]

韓: 대담하지 못하고 조심성이 지나치게 많다. 속이 좁다.

      예 그는 소심해서 항상 이것저것 다 의심한다.(他心眼儿多, 总
         是疑神疑鬼的。)

中: 조심하다, 주의하다.

      예 凡事小心总没坏处。(매사에 조심하면 어쨌든 해로운 점은
         없다.)

[(공작 工作): 工作]

韓: ① 물건을 만드는 일.

      예 공작 시간.(手工课)

      ② 어떤 목적을 위하여 일을 꾸밈.

      예 평화 공작하다.(搞和平工作)

中: ① 일하다.

      예 努力工作。(열심히 일하다.)

② 작동하다. 운전하다.

예 电脑正在工作。(컴퓨터가 켜져 있다.)

③ 직업. 일자리.

예 找工作 (직업을 구하다.)

[(동서 東西): 東西]

韓:　① 동쪽과 서쪽.

　　예 동서남북.(東西南北)

　　② 동양과 서양.

　　예 동서무역.(东西贸易, 发达国家与发展中国家之间的贸易)

中:　① 물건, 음식.

　　예 我去买点吃的东西。(내가 나가서 먹을 것 좀 사 올게.)

　　② 놈, 자식.

　　예 哈巴狗这小东西真逗人喜爱。(이 조그만 발바리는 정말 사
　　　랑스럽다.)

[(기차 汽車): 汽車]

韓:　기차.

　　예 거기까지 기차로 두 시간이 필요하다.(到那里坐火车需要2
　　　个小时)

中:　자동차.

　　예 这是辆二手汽车。(이것은 중고 자동차이다.)

[(신문 新聞): 新闻]

韓: 신문지.

　　예 인민일보는 조간신문이다.(人民日报是辰报)

中: 뉴스, 소식.

　　예 新闻播送完了, 感谢收看。(뉴스 방송을 마칩니다. 청취해주
　　　셔서 감사합니다.)

② AB～AB

동형 부분이의 합성어는 서로 다른 의미가 있지만 공통의 의미를
포함하는 경우이다.

　　(30) 동형 부분이의 합성어
　　　(고사 故事): 故事　(선생 先生): 先生　(천만 千萬): 千万
　　　(격동 激動): 激动　(병원 病院): 病院

[(고사 故事): 故事]

韓: ① 유래가 있는 옛날의 일.

　　예 고사를 연구하다.(研究古代史)

　　② 이야기, 고사.

　　　예 중국의 고사.(中国的典故。)

中: ① 이야기, 줄거리. 플롯(plot).

　　예 那个故事都听腻了。(그 이야기는 물릴 만큼 들었다.)

[(선생 先生): 先生]

韓:　① 학생을 가르치는 사람.

　　예 선생님께 고자질하다.(向老师打报告)

　　② 성(姓)이나 직함 따위에 붙여 남을 높여 이르는 말.

　　예 저 분이 김 선생이리라.(那位大概就是金先生)

中:　남편. 다른 사람의 남편 또는 자신의 남편에 대한 호칭. 반드시 앞에 인칭 대명사가 옴.

　　예 她先生是公务员。(그녀의 남편은 공무원이다.)

[(천만 千萬): 千万]

韓:　이를 데 없음, 또는 짝이 없음의 뜻을 나타내는 말.

　　예 천만 부당한 말.(根本不该说的话)

中　① 천만.

　　예 债务少说也超过了1000万元。(빚이 자그마치 천만 원이 넘는다)

　　② 아주 많은 수.

　　예 想了千万次, 我也不能做这种事。(아무리 생각에도 나는 이런 일을 할 수 없다)

　　④ 부디, 제발, 아무쪼록, 결코, 절대로.

　　예 你千万不要忘了我的话。(너는 제발 내 말을 잊지 마)

[(병원 病院): 病院]

韓:　병자를 진찰, 치료하는 데에 필요한 설비를 갖추어 놓은 곳.

例 그는 종합병원이다.(那是家综合病院)

中: 어떤 특정한 질병을 전문적으로 담당하는 곳.

例 他在精神病院住院了. (그는 정신병원에서 입원했다.)

한자어 합성어 '病院'은 한국어에서 '병원'의 뜻인데, 같은 뜻으로 중국어에서는 '医院'이라고 한다. '病院'은 중국어에서 '어떤 특정한 질병을 전문적으로 담당하는 곳'의 뜻으로 쓰이고, 한국의 '의원'과 비슷하다.

③ AB > AB

중국어 합성어 의미가 한국어 한자어 합성어 의미보다 축소된 경우이다.

(31) (이해 理解): 理解 (식당 食堂): 食堂 (야채 野菜): 野菜
(주일 週日): 周日 (인형 人形): 人形 (미용실 美容室): 美容室

[(이해 理解): 理解]

韓: ① 사리를 분별하여 해석함.

例 문제를 올바로 이해하다.(正确地理解问题)

② 양해(諒解)(남의 사정을 잘 헤아려 너그러이 받아들임.)

例 당신의 염려를 이해합니다.(我理解你的忧虑)

중: 깨달아 앎. 또는 잘 알아서 받아들임.

例 由于他的细讲, 所以都理解了。(그의 자세한 설명에 모두 이해를 했다.)

[(식당 食堂): 食堂]

韓: 음식을 만들어 손님들에게 파는 가게.

예 식당 맞은편은 슈퍼마켓이다.(饭店对面是一个超市)

中: 건물 안에 식사를 할 수 있게 시설을 갖춘 장소. 구내식당.

예 学生食堂伙食不错。(학생 식당의 식사는 괜찮다)

[(인형 人形): 人形]

韓: ① 사람의 형상.

예 납으로 만든 군사 인형을 수집가들은 귀하게 여긴다.(用铅 做的军人塑像很受收藏者们青睐)

② 사람이나 동물 모양으로 만든 장난감.

예 꼬마가 인형을 껴안고 잔다.(小家伙抱着玩具娃娃睡了)

中: 사람의 형상.

예 他长得一副人样怎么能做出那样的事。(그는 사람 꼴을 하고 서는 어떻게 그런 짓을 할 수 있는지 모르겠다.)

④ AB < AB

중국어 합성어 의미가 한국어 한자어 합성어 의미보다 확장된 경우 이다.

(32) 중국어 합성어가 한국어 한자어 합성어보다 의미가 확장된 경우
(간단 簡單): 简单　(검사 檢查): 检查　(과거 過去): 过去
(대가 大家): 大家　(다소 多少): 多少　(대면 對面): 对面
(목욕 沐浴): 沐浴　(문장 文章): 文章　(명백 明白): 明白

(발현 發現): 发现 (방편 方便): 方便 (시각 時刻): 时刻

(의사 意思): 意思 (인간 人間): 人间 (단위 單位): 单位

(노파 老婆): 老婆 (반점 飯店): 饭店 (안색 顔色): 颜色

(학원 學院): 学院 (대학 大學): 大学 (시간 時間): 时间

(후배 後輩): 后辈

[(간단 簡單): 简单]

韓:　간단하다, 단순하다, 용이하다.

　　　예 절차가 간단하다.(程序简单)

中:　① (경력 · 능력 등이) 평범하다, 보통이다, 일반적이다.

　　　예 他的经历很不简单。(그의 경력이 아주 복잡하다.)

　　② 소홀히 하다, 적당히 처리하다.

　　　예 把复杂的问题看简单些。(복잡한 문제를 좀 간단하게 봐라.)

[(검사 檢査): 检查]

韓:　검사하다, 조사하다.

　　　예 수질 검사.(水质检查)

中:　① (사상 · 결점 · 과실 등) 반성하다, 자아비판하다.

　　　예 他对自己的言行检查得不够。(그는 자기가 했던 일에 반성
　　　　한 것 아주 부족하다.)

　　② 반성(문), 자아 비판문.

　　　예 他写了一份检查。(그는 반성문을 썼다.)

[(과거 過去): 过去]

韓: 과거.

        예 과거를 잊다.(忘记过去)

中: ① 지나가다.

        예 刚过去的人你认识吗? (방금 지나갔던 사람을 아느냐?)

    ② 시간이 흐르다.

        예 日子过得真快, 一年很快过去了。 (시간 참 빠르네, 1년을 빨리 지나갔다)

    ③ 죽다.

        예 他母亲去年这时过去了。 (그의 어머님은 작년 이때에 돌아가셨어요)

[(대가 大家): 大家]

韓: ① 대가, 전문가

        예 만화 대가.(漫画大师)

    ② 대가집, 명문, 명(문)가

        예 대가들이 집결하다.(名家荟集)

中: 모두(일정 범위 내의 모든 사람).

        예 大家快来看一下吧! (여러분, 빨리 와 보세요!)

[(다소 多少): 多少]

韓: 다소, 조금, 다소간, 어느 정도.

        예 기분이 다소 좋아지다. (心情多少好了些)

中:　　얼마, 몇.

　　예 这个多少钱?(이것은 얼마예요?)

　　你的电话号码是多少?(전화번호가 몇 번이에요?)

[(대면 對面): 对面]

韓:　　(맞)대면하다, 마주보다.

　　예 인간 사회는 대면하게 되는 문제들을 해결할 수 있는 힘
　　을 지니고 있다.(人类社会有能力解决他们面临的问题.)

中:　　① 바로 앞, 정면.

　　예 春风对面吹来。(봄 바람은 정면에 불어오다)

　　② 맞은 편, 반대편, 건너편.

　　예 我家对面就是邮局。(우리집의 맞은편에 바로 우체국이다)

[(목욕 沐浴): 沐浴]

韓:　　목욕(하다).

　　예 잠자기 전에 목욕해야 한다. (睡前要洗澡)

中:　　혜택을 받다, (어떤 환경에) 푹 빠지다.

　　예 花草树木沐浴在阳光雨露中。(화초와 나무가 햇빛과 비와
　　이슬을 흠뻑 받다.)

[(문장 文章): 文章]

韓:　　문장, 글, 글월.

　　예 이 문장은 유의하다.(这篇文章很有意义)

中: ① 독립된 한 편의 글. 문장. 글월.

예 这篇文章的煞笔稍显简单。(이 글의 맺음말이 좀 간단한 것 같다)

② 저술 활동. 저작.

예 那篇文章的篇目是《故乡》。(그 문장의 편명은 《고향》 이다)

③ (일에 대한) 방법. 계책. 생각

예 抓住对手的缺点大做文章. (상대의 약점을 잡아 대대적으로 계책을 강구하다.)

[(명백 明白): 明白]

韓: 명백하다, 명확하다, 분명하다, 뚜렷하다.

예 그 보고서의 취지는 명백했다.(报告中传达的信息相当明确)

中: ① 총명하다, 현명하다, 분별있다.

예 他是个明白人。(그는 총명한 사람이다.)

② 이해하다, 알다.

예 你明白我的意思吗?(내 말을 이해하십니까?)

[(발현 發現): 发现]

韓: 발현하다, 나타나다, 드러나다.

예 자연 법칙을 발현하다.(发现了自然规律)

中: ① 발견하다, 찾아내다.

예 发现银矿。(은광이 발견되다.)

② 깨닫다, 눈치채다.

　　예 被老师发现。(선생님의 눈에 걸리다)

[(방편 方便): 方便]

韓:　　방편, (편의적) 수단.

　　예 권력을 축재의 방편으로 이용하다.(将权利做为敛财的手段)

中:　　① 편리하다

　　예 交通方便。(교통이 편리하다)

　　② (형편에) 알맞다, 적당하다, 괜찮다.

　　예 你什么时候方便? (언제가 더 좋습니까?)

　　③ (금전적인) 여유가 있다, 궁색하지 않다.

　　예 这些轮子绕轴转动, 以方便操控。(손쉬운 조작을 위하여 바
　　　　퀴가 회전한다.)

　　④ 편의를 도모하다, 편의를 꾀하다.

　　예 …方便客户的银行设施。(고객 편의를 위한 은행 시설)

　　⑤ 용변을 보다, 화장실 가다.

　　예 上卫生间方便方便。(화장실에서 일을 보다.)

[(시각 時刻): 时刻]

韓:　　시각, 시간.

　　예 시각을 지체하지 마라.(别耽误时间)

中:　　① 순간, 시간.

　　예 关键时刻。(결정적인 순간)

② 늘, 언제나, 시시각각.

    예 你要时刻准备着。(너는 시시각각으로 준비해야지)

[(의사 意思): 意思]

韓: 의사, 생각, 의향, 의견.

    예 의사를 명백히 밝히다.(明白地表明意思)

中: ① 뜻, 의미, 내용.

    예 明白了句子的意思。 (문장의 뜻을 깨치다.)

    ② 마음, 성의.

    예 您的意思我明白。 (무슨 마음/뜻인지 알겠어요.)

    ③ 재미, 흥미, 흥취.

    예 真有意思。 (참 재미있다.)

    ④ 기색, 기미, 낌새, 조짐, 형편, 추세.

    예 看出点意思了。 (낌새를 채다.)

[(시간 時間): 时间]

韓: 시간. (단위 시간 : 하루의 24분의 1의 동안)

    예 하루는 24시간이다.(一天是24小时)

中: ① 동안(어떤 시각과 시각의 사이).

    예 学习韩国语多长时间了? (한국어를 얼마 동안 배웠습니까?)

    ② 여간, 틈, 짬.

    예 现在有时间吗? (지금 시간이 있나요?)

    ③ 시각, 때(시간중의 어떤 시점).

예 现在时间是2点45分。(지금 시간은 2시 45분이다.)

3.3.3. 이형동의

'이형동의' 합성어는 한국어 한자어 합성어와 중국어 합성어 어휘의 형태소의 수가 같고, 이중에서 한 개 이상의 같은 자형(字形)을 지니고 있는 경우, '대응 일대일'로 분류한다. 2음절 이형동의 합성어'에는 'AB=AC형, AB=CA형, AB=CB형, AB=BA형, AB=BC형, AB=CD형'의 여섯 가지 3음절 이형동의 합성어에는 'ABC=ABD형, ABC=ADC형, ABC=ADE형, ABC=BAC형, ABC=DAE형, ABC=DBC형, AB=DEB형, ABC=DEC형' 등의 여덟 가지 유형이 있다. 4음절 이형동의 합성어에는 'ABCD=ABED형, ABCD=AECD형, ABCD=EBCF형, ABCD=EFCD형'의 네 가지가 있다. 이중에서 2음절 이형동의 합성어의 다섯 가지를 '동일'의 기본형으로 삼는다. 한국어 한자어 합성어나 중국어 합성어 모두 2음절의 합성어의 다다수가 되기 때문이다.

① AB = AC형

(32) 단어(單語: 单词) 매일(每日: 每天) 방학(放學: 放假) 세수(洗手: 洗脸)
　　우유(牛乳: 牛奶) 상처(傷處: 伤口) 세탁(洗濯: 洗衣) 정원(庭園: 庭院)
　　지방(地方: 地区) 필통(筆筒: 笔盒) 결승(決勝: 决赛) 관람(觀覽: 观看)
　　도망(逃亡: 逃跑) 벌금(罰金: 罚款) 비만(肥滿: 肥胖) 상류(上流: 上游)
　　옥상(屋上: 屋顶) 정비(整備: 整顿) 지급(支給: 支付) 지적(指摘: 指出)
　　처지(處地: 处境) 특급(特級: 特快) 학점(學點: 学分)
　　출입국(出入國: 出入境) 등록금(登錄金: 登记金)
　　대기업(大企業: 大公司) 세탁소(洗濯所: 洗衣店)

[단어(單語: 单词)]

　한국어 한자어 합성어 '單語'는 분리하여 자립적으로 쓸 수 있는 말이나 이에 준하는 말. 또는 그 말의 뒤에 붙여서 문법적 기능을 나타내는 말을 뜻한다. '낱말, 어사' 등이 이에 준하는 어휘이다. 이에 반하여, 중국어에서는 동일한 의미로 '单词'로 쓰이며, 이는 한국 한자어에서는 그 사용을 찾을 수 없다.

[매일(每日: 每天)]

　한국어 한자어 합성어 '每日'은 하루하루마다의 뜻이며, '일일(日日), 과일(課日), 식일(式日)' 등이 비슷한 뜻을 지닌다. 중국어에서는 '每天'이라는 단어가 통용된다.

[방학(放學: 放假)]

　학교에서 학기나 학년이 끝난 뒤 또는 더위, 추위가 심한 일정 기간 동안 수업을 쉬는 일. 또는 그 기간을 뜻하는 어휘로 한국어에서는 '放學'을, 중국어에서는 '放假'를 사용한다.

[세수(洗手: 洗脸)]

　손이나 얼굴을 씻음을 뜻하는 어휘로 한국어에서는 '洗手'를 중국어에서는 '洗脸'을 주로 쓴다. 한국어에서는 '洗脸'이라는 표현은 쓰지 않고 '洗手'라는 표현 대신 '洗面, 洗颜'이 사용되기도 한다.

[우유(牛乳: 牛奶)]

소의 젖을 의미하며, 백색으로 지방, 단백질, 칼슘, 비타민이 풍부하게 함유되어 있어 영양가가 높다. 살균하여 음료로 마시며 아이스크림, 버터, 치즈 따위의 원료로도 쓰이는 것으로 한국어에서는 '牛乳', 중국어에서는 '牛奶'로 쓰고 있다.

[상처(傷處: 伤口)]

몸을 다쳐서 부상을 입은 자리 혹은 피해를 입은 흔적을 가리킬 때 한국어에서는 '傷處'라고 하는 반면, 중국어에서는 '伤口'라고 한다.

[세탁(洗濯: 洗衣)]

빨래를 뜻하는 한국어 한자어는 '洗濯', 중국어에서는 '洗衣'가 사용된다.

[정원(庭園: 庭院)]

집 안에 있는 뜰이나 꽃밭을 뜻하는 한국어 한자어 합성어에는 '庭園' 혹은 '園庭'이 있는 반면, 중국어에서는 '庭院'이 사용된다.

[지방(地方: 地区)]

어느 방면의 땅, 서울 외의 지역, 중앙의 지도를 받는 아래 단위의 기구나 조직을 중앙에 상대하여 이르는 말로 한국어에서는 '地方'이, 중국어에서는 '地区'가 쓰인다.

[비만(肥滿: 肥胖)]

살이 쪄서 몸이 뚱뚱함을 뜻하는 말로, 한국어에서는 '肥滿'이라고 하며, 중국에서는 '肥胖'이라고 한다.

② AB = CB형

(33) 맥주(麥酒: 啤酒) 식탁(食卓: 饭桌) 야구(野球: 棒球) 졸업(卒業: 毕业)
청소(淸掃: 打扫) 남매(男妹: 兄妹) 대중(大衆: 群众) 반지(斑指: 戒指)
수표(手票: 支票) 식구(食口: 家口) 음력(陰曆: 农历) 일기(日氣: 天气)
입원(入院: 住院) 저축(貯蓄: 储蓄) 치과(齒科: 牙科) 간식(間食: 零食)
귀가(歸家: 回家) 기혼(旣婚: 已婚) 기획(企劃: 规划) 서명(署名: 签名)
제출(提出: 交出) 처리(處理: 办理) 학급(學級: 班级) 활기(活氣: 朝气)
상금(賞金: 奖金) 주차장(駐車場: 停车场) 무관심(無關心: 不关心)
휴지통(休紙桶: 废纸桶) 초청장(招請狀: 邀请信)
사무실(事務室: 办公室) 수험생(受驗生: 应考生)
일요일(日曜日: 星期日) 전화번호(電話番號: 电话号码)
고속도로(高速道路: 高速公路)

[맥주(麥酒: 啤酒)]

알코올성 음료의 하나. 엿기름가루를 물과 함께 가열하여 당화한 후, 홉(hop)을 넣어 향(香)과 쓴맛이 나게 한 뒤 발효하여 만든 것을 한국에서는 '麥酒', 중국에서는 '啤酒'라고 한다.

[식탁(食卓: 饭桌)]

음식을 차려 놓고 둘러앉아 먹게 만든 탁자를 한국어에서는 '食卓', 중국어에서는 '饭桌'라고 일컫는다.

[대중(大衆: 群众)]

  수많은 사람의 무리를 가리켜 한국에서는 '大衆' 혹은 '群衆'이라고 하는 반면, 중국어에서는 '群众'이라고 한다.

[반지(斑指: 戒指)]

  한 짝으로만 끼게 된 가락지를 한국 한자어에서는 '斑指', 중국어에서는 '戒指'라고 한다.

[수표(手票: 支票)]

  은행에 당좌 예금을 가진 사람이 소지인에게 일정한 금액을 줄 것을 은행 등에 위탁하는 유가증권을 한국에서는 '手票', 중국에서는 '支票'라고 한다.

[식구(食口: 家口)]

  한 집에서 함께 살면서 끼니를 같이하는 사람을 한국에서는 '食口', 중국에서는 '家口'라고 한다.

[입원(入院: 住院)]

  환자가 병을 고치기 위하여 일정한 기간 동안 병원에 들어가 머무는 것을 한국에서는 '入院', 중국에서는 '住院'이라고 한다.

[치과(齒科: 牙科)]

  이와 그 지지 조직 및 구강의 생리. 병리. 치료 기술 따위를 연구하는 학문. 의학의 한 분야 혹은 이를 치료하거나 교정하는 의원이나 병원을 한국에서는 '齒科', 중국에서는 '牙科'라고 한다.

[간식(間食: 零食)]

끼니와 끼니 사이에 음식을 먹음. 또는 그 음식을 한국어에서는 '間食', 중국어에서는 '零食'라고 한다.

[귀가(歸家: 回家)]

집으로 돌아가거나 돌아옴을 한국어에서는 '歸家', 중국어에서는 '回家'라고 한다. '歸國 : 回國' 역시 마찬가지이다.

　③ AB = BC

　　(34) 사탕(砂糖: 糖果) 단풍(丹楓: 枫叶) 대출(貸出: 借出) 두뇌(頭腦: 脑子)
　　　　원고(原稿: 稿子)

[사탕(砂糖: 糖果]

설탕을 끓여서 여러 가지 모양으로 만든 과자를 한국에서는 '砂糖', 중국에서는 '糖果'라고 한다.

[단풍(丹楓: 枫叶)]

기후 변화로 식물의 잎이 붉은 빛이나 누런빛으로 변하는 현상. 또는 그렇게 변한 잎을 가리켜, 한국에서는 '丹楓', 중국에서는 '枫叶'라고 한다.

[대출(貸出: 借出)]

돈이나 물건 따위를 빌려 줌을 뜻하는 한자어로 한국에서는 '貸出', 중국에서는 '借出'이라고 한다.

[두뇌(頭腦: 脑子)]

뇌를 일컫는 한자어로 한국에서는 '頭腦', 중국에서는 '脑子'라고 한다.

[원고(原稿: 稿子)]

인쇄하거나 발표하기 위하여 쓴 글이나 그림 따위를 한국에서는 '原稿', 중국에서는 '稿子'라고 한다.

④ AB = CA

> (35) 고생(苦生: 辛苦) 갈등(葛藤: 纠葛) 갈증(渴症: 干渴) 난방(暖房: 供暖)
> 면접(面接: 见面) 승진(昇進: 晋升) 연출(演出: 导演) 입력(入力: 输入)
> 책임자(責任者: 负责人) 관계자(關係者: 相关人)
> 사무소(事務所: 办事处)

[고생(苦生: 辛苦)]

어렵고 고된 일을 겪음. 또는 그런 일이나 생활에 대하여 한국에서는 '苦生', 중국에서는 '辛苦'라고 한다.

[갈등(葛藤: 纠葛)]

칡과 등나무가 서로 얽히는 것과 같이, 개인이나 집단 사이에 목표나 이해관계가 달라 서로 적대시하거나 불화를 일으키는 상태를 가리켜 한국에서는 '葛藤', 중국에서는 '纠葛'이라고 한다.

[갈증(渴症: 干渴)]

목이 말라 물을 마시고 싶은 느낌에 대하여 한국에서는 '渴症', 중국에서는 '干渴'라고 한다.

[난방(暖房: 供暖)]

건물의 안이나 방 안을 따뜻하게 함을 뜻하는 한자어로 한국에서는 '暖房', 중국어에서는 '供暖'이라고 한다.

[면접(面接: 见面)]

서로 대면하여 만나 봄을 한국에서는 '面接', 중국에서는 '见面'이라고 한다.

[승진(昇進: 晋升)]

직위의 등급이나 계급이 오름을 한국에서는 '昇進', 중국에서는 '晋升'이라고 한다.

[연출(演出: 导演)]

연극이나 방송국 따위에서, 각본을 바탕으로 배우의 연기, 무대 장치, 의상, 조명, 분장 따위의 여러 부분을 종합적으로 지도하여 작품을 완성하는 일. 또는 그런 일을 맡은 사람을 한국에서는 '演出', 중국에서는 '导演'이라고 한다.

[입력(入力: 输入)]

문자나 숫자를 컴퓨터가 기억하게 하는 일을 한국에서는 '入力', 중국에서는 '输入'이라고 한다.

⑤ AB = BA

(36) 소개(紹介: 介绍) 건어(乾魚: 鱼干) 고통(苦痛: 痛苦) 환약(丸藥: 药丸)
　　　관장(管掌: 掌管) 관적(貫籍: 籍贯) 구걸(求乞: 乞求) 기일(期日: 日期)
　　　단축(短縮: 缩短) 대접(待接: 接待) 망신(亡身: 身亡) 목축(牧畜: 畜牧)
　　　벌채(伐採: 采伐) 분기(憤氣: 气愤) 사기(詐欺: 欺诈) 소박(素朴: 朴素)
　　　시계(時計: 计时) 시설(施設: 设施) 암흑(暗黑: 黑暗) 억압(抑壓: 压抑)
　　　언어(言語: 语言) 여과(濾過: 过滤) 난폭(亂暴: 暴乱) 연관(聯關: 关联)
　　　연마(鍊磨: 磨炼) 열악(劣惡: 恶劣) 엽차(葉茶: 茶叶) 영솔(領率: 率领)
　　　오류(誤謬: 谬误) 운명(運命: 命运) 운반(運搬: 搬运) 운항(運航: 航运)
　　　위안(慰安: 安慰) 유보(留保: 保留) 유인(誘引: 引诱) 음성(音聲: 声音)
　　　이전(移轉: 转移) 이탈(離脫: 脱离) 적중(的中: 中的) 절규(絶叫: 叫绝)
　　　절도(竊盜: 盗窃) 절박(切迫: 迫切) 정숙(靜肅: 肃静) 정열(情熱: 热情)
　　　준엄(俊嚴: 严峻) 증빙(證憑: 凭证) 채소(菜蔬: 蔬菜) 축적(蓄積: 积蓄)
　　　출연(出演: 演出) 평생(平生: 生平) 평화(平和: 和平) 포옹(抱擁: 拥抱)
　　　한계(限界: 界限) 행진곡(行進曲: 进行曲) 경보기(警報器: 报报器)
　　　기관지(氣管支: 支气管)

[소개(紹介: 介绍)]

두 사람 사이에 서서 양편의 일이 어울리게 주선함을 한국에서는 '紹介', 중국에서는 '介绍'라고 한다.

[단축(短縮: 缩短)]

시간이나 거리 따위가 짧게 줄어듦. 또는 그렇게 줄임을 한국에서는 '短縮', 중국에서는 '缩短'이라고 한다.

[사기(詐欺: 欺诈)]

나쁜 꾀로 남을 속임을 한국에서는 '詐欺', 중국에서는 '欺诈'이라고 한다.

[채소(菜蔬: 蔬菜)]

밭에서 기르는 농작물. 주로 그 잎이나 줄기, 열매 따위는 식용하는 것을 한국에서는 '菜蔬', 중국에서는 '蔬菜'이라고 한다.

[정숙(靜肅: 肃静)]

조용하고 엄숙함을 한국에서는 '靜肅', 중국에서는 '肃静'이라고 한다.

⑥ AB= CD형

(37) 공부(工夫: 学习) 과자(菓子: 点心) 여권(旅券: 护照) 요일(曜日: 星期)
　　　배우(俳優: 演员) 시댁(媤宅: 婆家)

[요일(曜日: 星期)]

일주일의 각 날을 이르는 말을 한국어에서 '曜日', 중국어에서는 '星期'라고 한다.

[여권(旅券: 护照)]

　외국을 여행하는 사람의 신분이나 국적을 증명하고 상대국에 그 보호를 의뢰하는 문서를 한국어에서 '旅券', 중국어에서는 '护照'라고 한다.

[배우(俳優: 演员)]

　연극이나 영화 따위에 등장하는 인물로 분장하여 연기를 하는 사람을 국어에서 '俳優', 중국어에서는 '演员'라고 한다.

[시댁(媤宅: 婆家)]

　시부모가 사는 집을 국어에서 '媤宅', 중국어에서는 '婆家'라고 한다.

제 4 장

한국어 한자 합성어와
중국어 이합사 대조

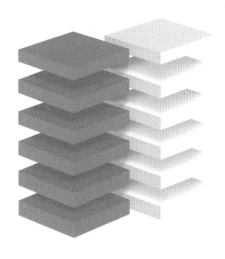

한국어 한자 합성어와
중국어 이합사 대조

한국어 한자 합성어에 대응한 중국어 어휘는 합성어가 아닌 경우도 많다. 이런 경우 대부분의 중국어 어휘는 형태론적 합성어가 아니고 환경에 따라 동사+목적어 혹은 동사+보어 등 형식으로 분화하는 통사 구조이다. 이러한 형태의 합성어를 이합사라고 하는데 이합사는 거의 다 2음절 어휘이고 주로 '동빈식 이합사'와 '동보식 이합사' 두 가지가 있다. 따라서 본 장에서는 한국어 한자합성어와 그에 상응하는 중국어 이합사를 제시하고, 앞서 설명했던 중국어 이합사의 구성 성분에 따라 해당하는 일부 어휘를 이용하여 두 언어를 형태, 품사, 용법 세 가지 방면으로 합성어의 유형을 분류하고 대조 해보기로 한다.

4.1. 형태에 따른 대조

한국어와 중국어는 그 조어법이 다르기 때문에 같은 한자로 이루어진 합성어이지만, 한국어 한자어 합성어는 어간과 특수어간으로 구성되어 있고, 중국어 이합사는 어간과 비자립어간[12]으로 구성되어 있음을 앞서 제2장에서 이미 엄급하였다. 제2장에 제시한 한자 합성어와 중국어 이합사를 구성 성분에 따라 대조하면 아래 표와 같다.

[표 8] 한국어 한자어 합성어와 중국어 이합사의 형태 구성

형태 구성	한국어 한자어 합성어	중국어 이합사
어간+어간	O	O
어간+특수어간 / 특수어간+어간	O	X
특수어간+특수어간	O	X
어간+비자립어간 / 비자립어간+어간	X	O
비지립어간+비자립어간	X	O

---

12 중국어 이합사에서 '비자립어간'은 홀로 쓰일 수 없지만 품사를 가진다는 특징으로 인해 한국어 한자어 합성어의 특수 어간과 다르기 때문에 보고에서는 '비자립어간'으로 쓰인다. 예를 들면, '學'은 한국어 한자 합성어에서 홀로 쓰일 수 없고 품사도 없다. 하지만 중국어 이합사에서 '學'은 홀로 쓰일 수 없지만 동사나 명사다. 중국어의 이합사 속의 '비자립어간'은 홀로 쓰일 수는 없지만 단음절적 특징에 기인하여 일정 정도의 의미와 품사를 잠재적으로 가지고 있는 형태소이다. 예를 들면, 중국어 이합사 '借款' 속의 '款'은 홀로 쓰일 수 없지만 명사적 형태소로 이를 '비자립어간'이라 하기로 한다.

위 표를 보면 두 언어에서 모두 '어간+어간'의 형식으로 구성된 경우가 있다. 그리고 한국어 한자 합성어는 '어근+특수 어간/특수 어간+어간'으로 결합하는 경우가 있고, 중국어 이합사는 '어간+비자립어간/ 비자립어간+어간'의 형식이 있는 차이점을 볼 수 있다.

한국어 한자어 합성어의 형태에 따른 유형은 3장에서 제시되었으므로 본 장에서는 중국어 이합사의 형태 유형에 따라 제시하겠다.

4.1.1. 어간+어간

한국어 한자어 합성어와 중국어 이합사는 형태상으로 '어간+어간' 구성을 이루는 형식이 다 같이 있다. 중국어 이합사에서는 '자립어간+자립어간'으로 부르기도 한다. 이런 중국어 이합사로는 다음과 같은 어휘들이 있다.

(1) 중국어 이합사(어간+어간)
发烧 照相 安心 出席 办事 回信 来信 谈话 干杯 造句 做梦 报道 报名 吃惊 起床 上课 跳舞 请假 关心 看病 跑步 闭幕 吃苦 吸烟 出门 懂事 得病 犯罪 放学 赶上 耕地 加油 灰心 滑雪 讲课 开口 尽力 开饭 开幕 生病 念书 露面 上班 伤心 过年 开会 用心 招手 成人 犯法 旷课 排队 冒险 谈天 下台 下乡 吸毒 完蛋 泄气 作案 涨价 迎面

4.1.2. 어간+비자립어간 / 비자립어간+어간

'어간+비자립어간/ 비자립어간+어간'의 구성 형식은 중국어 이합사에만 있는 것이고 한국어 한자어 합성어에 없는 것이다.

'어간+비자립어간'에서는 행위 동작의 앞 형태소가 홀로 단어가 될 수 있지만 뒤 형태소는 지배된 대상으로서 홀로 쓰일 수 없다. **이 구성 유형의 이합사는 ≪現代汉语词典≫(2005)에서는 모두 693개 있고, 이합사 총수에 20.6%를 점유하고 있다.**

'비자립어간+어간'에서는 행위 동작의 앞 형태소가 홀로 쓰일 수 없지만 뒤 형태소가 지배된 대상으로서 홀로 쓰일 수 있고 단어가 되는 것이다. **이 구성 유형의 이합사는 ≪現代汉语词典≫(2005)에서는 모두 174개 있고, 이합사 총수에 25.2%를 점유하고 있다.**

이 두 유형의 이합사에는 다음과 같은 단어들이 있다.

(2) 중국어 이합사(어간+비자립어간)
发誓 降温 将军 揭短 借款 尽责 捐资 开春 绝望 开户 配方 矿工 见面 开学 上学 睡觉 洗澡 帮忙 结婚 加工 进口 上当 理发 请客 失业 作文 保密 施工 吵架 打仗 倒霉 翻身 汇款 留学 破产 作战 变形 登陆 贷款 罚款 告状 开工 配方 入境 失踪 延期 移民 招生 站岗 走私 捐款 减产 发财 怀孕 绝望 拍照 缺席 打工 动工 定居 发布 发言 定婚 加工 减速 怀孕 过分 上学 升学 守信 失业 失踪 送别 停业 通电 烫发 同房 调剂 录音 留神 破例 请安 任教

(3) 중국어 이합사(비자립어간+어간)
努力 害怕 罢工 操心 当家 着凉 贬值 变质 参军 戒严 命题 违法 享福 效力 纳闷 纳税 负伤 达到 失事 道谢 负伤 归天 复学 害羞 计数 观光 寒心 晋级 灰心 害病 理财 居心 命题 丧气 失职 效力 行礼 休假 识字 化名 申冤 携手 议价 诊脉 掌权 奏效 纳税 命名 殉职 颁奖 偿命 归根 留心 弃权 务实

4.1.3. 비지립어간+비자립어간

'비지립어간+비자립어간'의 구성 형식은 두 형태소가 모두 홀로 쓰일 수 없고 이런 이합사는 ≪現代汉语词典≫(2005)에서는 모두 110개 있고, 이합사 총수에 3.3%를 점유하고 있다. 이런 형식의 이합사 어휘들은 다음에 제시된다.

(4) 중국어 이합사(비자립어간+비자립어간)
劳驾 散步 毕业 补课 告别 革命 鼓掌 及格 当面 摄影 化妆 经商 还愿 就业 就职 鞠躬 留意 失效 探亲 宣誓 值班 值勤 执法 下课 复婚 复员 措辞 背约 参政 当差 奔丧 怠工 道歉 避邪 贺喜 含恨 介意 失言 失意 就业 失信 行医 休战 执政 助兴 注意 转文 行窃 融资 交锋 就职 会师 会餐 探监 施工 告密

4.2. 품사에 따른 대조

제2장에서 제시한 한국어 한자어 합성어의 품사와 중국어 이합사 성분의 품사를 대조하면 다음 표와 같다.

[표 9] 한국어 한자어 합성어와 중국어 이합사 성분의 품사

품사 구성	한국어 한자어 합성어	중국어 이합사
① N+N	O	X
② V+N	O	O
③ A+N	O	X
④ N+V	O	X

⑤ V+V	O	O
⑥ A+V	O	X
⑦ Ad+V	O	X
⑧ N+A	O	X
⑨ V+A	X	O
⑩ A+A	O	X
⑪ Ad+A	O	X
⑫ V+Ad	X	X
⑬ A+Ad	X	X
⑭ Ad+Ad	X	X

위 표를 보면 두 언어에서 품사적 구성 형식이 같은 종류는 'V+N, V+V'의 2가지가 있다. 그리고 'V+A'의 구성 형식은 중국어 합성어에만 나타나는 형식이다.

① V+N

'V+N' 형식은 한국어 한자어 합성어에서 '명사와 동사구'가 되고, 중국어 이합사에서 'V'가 된다. 이 형식에 해당하는 어휘로는 다음과 같은 것들이 있다.

(5) 한국어 한자어 합성어('V+N' 형식)
[加工]n [見學]n [講堂]n [交易]n [洗劑]n [乘船]n [演劇]n [看病]n/+v[13] [改良]n/+v [改革]n/+v [改善]n/+v [練習]n/+v[洗手]]n/+v

---

13 +v= 동사구, 뒤에 '~하다, ~되다'가 붙으면 동사구가 된다.

(6) 중국어 이합사('V+N' 형식)

[碍事]V [安神]V [安心}V [拔河]V [罢工]V [把舵]V [拜师]V [办案]V
[拌嘴]V [绑票]V [报名]V [变脸]V [表功}V [操心]V [辞工]V [插手]V
[拆台]V [扯腿]V [出国]V [除名]V [传令]V [错位]V [搭话]V [当家]V
[捣鬼]V [点将]V [点名]V [掉价]V [动身]V [斗智]V [丢人]V [发财]V
[发稿]V [过门]V [供职]V [还债]V [回话]V [回礼]V [记仇]V [加班]V
[揩油]V [宽心]V [抗灾]V [磕头]V [挑刺]V [投票]V [问话]V [沾光]V
[中毒]V [中计]V

② V+V

'V+V' 형식은 한국어 한자어 합성어에서 'N/+V'가 되고, 중국어 이
합사에서는 'V'가 된다. 이 형식에 해당하는 어휘로는 다음과 같은 것
들이 있다.

(7) 한국어 한자어 합성어('V+V' 형식)

[看護]n/+v [監督]n/+v [感傷]n/+v [感化]n/+v [開放]n/+v [購買]n/
+v [訪問]n/+v [訴訟]n/+v

(8) 중국어 이합사('V+V' 형식)

[挨批]V [挨宰]V [报到]V [备战]V [补缺]V [成交]V [出诊]V [吃亏]V
[害怕]V [讲和]V [断交]V [解围]V [救急]V [受骗]V [讨嫌]V [应聘]V
[造反]V [留学]V [募捐]V [监考]V [受罚]V [落选]V [道谢]V

③ V+A

'V+A' 형식은 중국어 이합사에만 있으며, 'V'가 된다. 이 형식에 해
당하는 어휘로는 다음과 같은 것들이 있다.

(9) 중국어 이합사('V+A' 형식)

[拔尖]V [摆阔]V [避邪]V [超重]V [帮忙]V [乘凉]V [逞强]V [吃苦]V

[出丑]V [打杂]V [发愁]V [发慌]V [犯傻]V [护短]V [绕远]V [伸冤]V

[失宠]V [使坏]V [偷懒]V [问好]V [务实]V [显灵]V [泄恨]V [叙旧]V

[着急]V [受累]V [装假]V

4.3. 용법에 따른 대조

한국어 한자어 합성어와 중국어 이합사의 용법에 따른 대조는 제3
장 합성어의 대조에서 분류한 기준을 근거로 진행하였다. 중국이 이합
사는 모두 2음절 어휘이기 때문에 여기에서도 2음절의 어휘를 대조
대상으로 선정하였다.

[표 10] 한국어 한자어 합성어와 중국어 이합사의 용법 대조

	대조 유형 분류
동형동의	AB=[14]AB
동형이의	① AB≠AB(동형 완전이의), ② AB~AB(동형 부분이의), ③ AB>AB(동형 축소된 이의), ④ AB<AB(동형 확장된 이의)
이형동의	① AB=AC형, ② AB=CA형, ③ AB=CB형, ④ AB=BC형, ⑤ AB=BA형, ⑥ AB=CD형

4.3.1. 동형동의

동일한 한자로 이루어진 한국어 한자어 합성어와 중국어 이합사 어휘들은 모두 '동형동의'의 어휘이다. 중국어에서 이들이 이합사가 되는 이유는 앞서 설명된 변별기준(동태조사 "了, 着, 過"의 삽입, 구조조사 "的"의 삽입, 보어의 삽입, 동사성성분의 중첩, 수량사의 삽입, 체사의 삽입, 명사성성분의 전치 등)이 성립되기 때문이다. 이를 토대로 하여 아래에 다시 설명하고자 한다.

> (10) 악수(握手: 握手) 출석(出席: 出席) 투표(投票: 投票) 결혼(結婚: 结婚)
> 범죄(犯罪: 犯罪) 소독(消毒: 消毒) 파산(破産: 破产) 개학(開學: 开学)
> 흡연(吸煙: 吸煙) 간병(看病: 看病) 완성(完成: 完成) 개문(開門: 开门)
> 개의(介意: 介意) 개화(開花: 开花) 개회(開會: 开会) 결근(缺勤: 缺勤)
> 교전(交戰: 交战) 기상(起床: 起床) 담화(談話: 谈话) 당면(當面: 当面)
> 독서(讀書: 读书) 낙후(落後: 落后) 유산(流産: 流产) 유학(留學: 留学)
> 유급(留級: 留级) 이혼(離婚: 离婚) 면세(免稅: 免税) 면직(免職: 免职)
> 박수(拍手: 拍手) 발언(發言: 发言)

위에 제시된 어휘들은 목적어 성분의 전치가능, 체사·동태조사·가능보어·결과보어·추향보어·시량/수량보어·관형어의 삽입이 가능하므로 모두 이합사이다.

[악수(握手: 握手)]

한국어 한자어 합성어 [악수]와 중국어 이합사 [握手]는 모두 '악수

---

14 형태소는 영어 'ABCD……'로 표시하고, 대응한 의미 관계는 '=, ≠, ~, >……' 등 부호로 표시한다.

하다. 손을 잡다'라는 같은 의미를 가지고 있다. 한국어에서 '~하다'를 붙이면 동사가 되지만, 중국어의 [握手]는 이미 그 자체가 동사로 활용되며, 필요에 따라 각종 보어나 동태조사, 관형어의 삽입이 가능하여 통사적으로 활용되는 이합사이다. 이합사와 결합할 수 있는 이러한 요소들은 한국어의 단어에서는 주로 부사어 동사의 어말 어미 변화로 드러나게 된다. 즉, 단어가 확장, 응용되는 것이 아니라 기타 성분과의 결합으로 의미를 완성시키는 것이다.

> 手握了一下(수량보어의 삽입) - 악수를 한 번 하다.(부사어)
> 握完手(결과보어 삽입) - 악수를 다 하다.(부사어)
> 握得手(가능보어 삽입) - 악수를 할 수 있다.(어말 어미 변화)
> 握了手/握着手/握过手(동태조사 삽입) - 악수를 했다/악수를 하고 있다/
> 　　　　　　　　　　　　　　　　　악수를 한 적이 있다(어말 어미
> 　　　　　　　　　　　　　　　　　변화)
> 握谁的手(관형어 삽입) - 누군가의 손과 악수를 하다(부사어)

[교전(交戰: 交战)]

한국어 한자어 합성어 [교전]와 중국어 이합사[交战]은 모두 '교전하다. 싸우다'라는 같은 의미이다. 한국어에서는 '~하다'를 붙여 동사구되고, 중국어에서는 '交了战/交着战/交过战/交了战/交两次战'와 같이 확장 되는 이합사이다.

[개회(開會: 开会)]

한국어 중국어에서 모두 '회의나 회합 따위를 시작함'이라는 같은 의미이다. 한국어에서는 명사이고 중국어에서는 '开了会/开过会/开着会

/开完会/开几次会/开什么会' 등과 같이 확장되므로 이합사이다.

[독서(讀書: 读书)]

한국어 중국어에서 모두 '책을 읽음'이라는 같은 의미이다. 한국어
에서는 명사이고 중국어에서는 '读了书/读着书/读完书/读谁的书/读几次
书'와 같이 확장하므로 이합사이다.

[면직(免職: 免职)]

한국어 중국어 모두에서 '일정한 직위나 직무에서 물러나게 함'의
의미이다. 한국어에서는 명사이며 '~하다'를 붙여 동사로 쓰인다. 중국
어에서는 '免了职/免过职/免谁的职/免完职'와 같이 확장되어 쓰이므로
이합사이다.

[투표(投票: 投票)]

한국어 중국어 모두에서 '선거를 하거나 가부를 결정할 때에 투표
용지에 의사를 표시하여 일정한 곳에 내는 일. 또는 그런 표'라는 의
미이다. 한국어에서는 명사이고 '~하다'를 붙여 동사로 쓰인다. 중국어
에서는 '投了票/投过票/投谁的票/投完票/投什么票/投两次票'와 같이 확장
되므로 이합사이다.

[이혼(離婚: 离婚)]

한국어 중국어 모두에서 '부부가 합의 또는 재판에 의하여 혼인 관
계를 인위적으로 소멸시키는 일'의 의미이다. 한국어에서는 명사이고

뒤에 '~하다'를 붙여 동사로 쓰인다. 중국어에서는 '离了婚/离过婚/离完婚/跟谁离婚/离什么婚/离一次婚'와 같이 확장되므로 이합사이다.

[면세(免稅: 免税)]

한국어 중국어 모두 '세금을 면제함'이라는 의미이다. 한국어에서는 명사이고 뒤에 '~하다'를 붙여 동사로 활용한다. 중국어에서는 '免了税/免完税/免过税/免什么税/免一次税/免谁的税'와 같이 확장되므로 이합사이다.

[박수(拍手: 拍手)]

한국어 중국어 모두에서 모두 '기쁨, 찬성, 환영을 나타내거나 장단을 맞추려고 두 손뼉을 마주 침'의 의미이고 한국어에서는 명사이며, 중국어에서는 '拍着手/拍过手/拍了手/拍完手/拍谁的手/拍几下手' 등으로 확장되므로 이합사이다.

[발언(發言: 发言)]

한국어 중국어 모두에서 '말을 꺼내어 의견을 나타냄. 또는 그 말'이라는 의미이며, 한국어에서는 명사로 쓰이고 뒤에 '~하다'를 붙여 동사로 활용할 수 있다. 중국어에서는 '发了言/发过言/发着言/发完言/发什么言/发三次言' 등이 모두 가능하므로 이합사이다.

4.3.2. 동형이의

함성어의 동형이의어란 한국어 한자 합성어와 중국어 이합사가 동일 한자의 배열로 이루어져 있으나 서로 의미가 다른 경우를 말한다. 이런 유형에 대해서 최금단(2001)은 첫째, 원어의 의미가 파생되어 새로운 뜻을 부여했거나, 둘째, 한국어에 차용될 때 전부의 의미 모두를 차용하지 않았거나, 셋째, 중국어와 차용된 한자어가 사용 초기에는 의미가 동일했지만 양국언어가 자체 내부에서 변화와 발전을 거쳐 쌍방이 모두 변화했거나, 넷째, 일방적인 의미 탈락이 발생하여 동형 동소 이의어로 변형되었을 가능성이 있다고 설명했다.

　여기에서는 ① AB≠AB(동형 완전이의), ② AB～AB(동형 부분이의), ③ AB>AB(동형 축소된 이의), ④ AB<AB(동형 확장된 이의) 네 가지로 분류해서 대조하겠다.

① AB ≠ AB (동형 완전이의)

(11) (조심 操心): 操心 (방학 放學): 放学 (방심 放心): 放心
　　 (간병 看病): 看病 (주문 注文): 注文 (설화 說話): 说话
　　 (행사 行事): 行事

위의 예들 중 몇 개의 어휘를 골라서 설명해 보면 다음과 같다.

[(조심 操心): 操心]

韓:　　조심하다, 주의 하다.

　　　囝 날씨가 추우니 감기 조심해요.(天气冷, 小心感冒)

中:　　걱정하다, 마음을 쓰다.

　　　囝 这件事请很顺利没什么可操心的。(이 일은 아주 순조로우니
　　　　까 걱정할 것 없어요.)

'操心'은 한국어에서는 '조심하다. 주의하다'의 뜻인데 반해, 중국어에서는 '걱정하다, 마음을 쓰다'라는 뜻으로 쓰인다. 한국어의 '操心'에 해당하는 중국어 합성어로는 '小心'이 있다. '操心'은 또 '操了心/操着心/操完心/操谁的心/操几次心'과 같이 확장 가능하므로 이합사이다.

[(방심 放心): 放心]

韓: 마음을 다잡지 않고 놓아버림.

　　예 차 운전을 할 때 방심하면 사고가 나기 쉽다.(开车的时候松懈的话, 容易出事故。)

中: 마음이 안정되고 우려하지 않음, 안심(安心)하다, 마음을 놓다.

　　예 你放心,他自己能处理好这件事情。(걱정하지 마세요, 그 혼자서 이 일을 잘 처리할 수 있을 겁니다.)

'放心'은 한국어에서는 '마음을 다잡지 않고 놓아버림'의 뜻인데 반해, 중국어에서는 '마음을 놓다, 안심하다'라는 뜻으로 쓰인다. 한국어의 '放心'에 해당하는 중국어 합성어에는 '松懈'가 있다. '放心'은 또 '放了心/放下心/放什么心' 등과 같이 확장되므로 이합사이다.

[(간병 看病): 看病]

韓: 앓는 사람이나 다친 사람의 곁에서 돌보고 시중을 듦.

　　예 자식들은 밤새도록 아픈 어머니를 간병하였다.(子女们熬夜看护生病的母亲)

中: 진찰을 (치료를) 받다.

㈜ 我今天去医院看病。(나는 오늘 병원에 가서 진찰을 받는다.)

'看病'은 한국어에서는 '앓는 사람이나 다친 사람의 곁에서 돌보고 시중을 듦'의 뜻인데 반해, 중국어에서는 '진찰을 (치료를) 받다'라는 뜻으로 쓰인다. 한국어의 '看病'에 해당하는 중국어 합성어로는 '看护'가 있다. '看病'은 또 '看了病/看着病/看完病/看过病/看什么病'과 같이 확장 되므로 이합사이다.

[(주문 注文): 注文]
韓: 주문하다. 시키다.
       ㈜ 나는 비빔밥을 주문했다.(我点了拌饭)
中: 주해한 글.
       ㈜ 由于这本书的注释(文)很详细, 所以很容易理解。(이 책은 주해한 글이 자세해서 쉽게 이해 할 수 있다.)

'注文'은 한국어에서 '주문하다. 시키다'의 뜻인데 반해, 중국어에서 '주해한 글'이라는 뜻으로 쓰인다. 한국어의 '注文'에 해당하는 중국어 합성어로는 '预定'이 있다. '注文'은 또 '注了文/注过文/注完文/注上文/注什么文' 등과 같이 확장하므로 이합사이다.

[(설화 說話): 说话]
韓: 이야기, 예날 이야기.
       ㈜ 이것은 한국의 유명한 설화이다.(这个是韩国有名的传奇故事)。

中: 말하다.

　　예 那个女孩很会说话。(그녀는 말을 아주 잘한다)

'說話'는 한국어에서 '이야기, 옛날이야기'의 뜻인데 반해, 중국어에서 '말한다'의 뜻으로 쓰인다. 한국어의 '說話'에 해당하는 중국어 합성어로는 '传奇, 故事' 등이 있다. '说话'는 또 '说了话/说过话/说完话/说着话。/说谁的话/说上话'와 같이 확장하므로 이합사이다.

[(행사 行事): 行事]

韓: 행사, 어떤 일을 행함, 또는 그 일.

　　예 이런 형식에 치우치는 행사는, 더 이상 치룰 필요가 없다.

　　(这种形式性的活动, 以后没有举办的必要)

중: ① 행위, 행동.

　　예 他的行事为人让人叹服。(그의 행위나 사람됨은 남들을 탄복하게 한다.)

　　② 일을 보다, 일을 처리하다.

　　예 他一直都是按原则行事。(그는 항상 원칙에 따라 일을 처리한다.)

'行事'는 한국어에서는 '일을 행하다'의 뜻인데 반해, 중국어에서는 '① 행위, 행동. ② 일을 보다'라는 뜻으로 쓰인다. 한국어의 '行事'에 해당하는 중국어 합성어로는 '活动'이 있다. 중국어에서 '行事'는 '行了事/行着事/行完事/行什么事'와 같이 확장하므로 이합사이다.

② AB~AB(동형 부분이의)

(12) (이별 離別): 离别 (생기 生氣): 生氣 (출세 出世): 出世
(퇴보 退步): 退步

[(생기 生氣): 生气]

韓:　싱싱하고 힘찬 기운.

　　囲 그의 생각을 알 리 없는 그녀는 눈에 생기를 담고 계속
　　말을 이어 갔다.(不能理解他的想法, 她的眼中充满生气, 继续
　　着她的话)

중:　① 생기가 넘쳐흐른 모양.

　　囲 春天的花草, 很有生气。(봄에 화초가 생기가 넘치다.)

　　② 화나다.

　　囲 老师今天很生气。(선생님은 오늘 화가 많이 나셨어요)

　　'生氣'는 한국어에서 '싱싱하고 힘찬 기운'의 뜻인데 반해, 중국어에
서는 '① 생기가 넘쳐흐르는 모양 ② 화나다'의 뜻으로 쓰인다. 두 언
어 모두 '싱싱한 기운'이란 뜻을 가지고는 있지만 중국어에서는 주로
'화나다'의 뜻으로 쓰인다. 한국어에서 '生氣'는 명사이고 중국어에서
도 '① 생기가 넘쳐흐르는 모양'은 명사이다. 그러나 주로 쓰이는 '②
화나다'의 '生气'는 전치(气生完了), 체사 삽입(生谁的气삽입(生了气/生着气/生过
气), 가능보어 삽입(生不了气삽입(生完气), 추향보어 삽입(生起气来), 시량보어
삽입(生一顿气), 관형어 삽입(生很大的气) 등의 모든 확장이 가능하므로 이
합사이다.

[(이별 離別): 离别]

韓:　① 이별하다.

　　　예 그와 이별하였다.(和他离别了。)

　　　② 서로 갈리어 떨어짐.

　　　예 오늘 나는 여자 친구에게 이별을 선언했다.(今天我对女朋
　　　　友做了分手宣言)

중:　① 이별하다.

　　　예 和喜欢的人离别。(좋아하는 사람과 이별하다.)

　　　② 떠나다.

　　　예 出国前一天, 我们饮了离别酒。(출국하기 전날 우리 같이 이
　　　　별주를 나눴다.)

'離別'은 한국어에서 '① 이별하다. ② 서로 갈리어 떨어짐'의 뜻이
며, 중국어에서는 '① 이별하다. ② 떠나다'의 뜻이다. 두 언어에서 모
두 '이별하다'의 뜻은 있지만, 중국어에서는 주로 '……에서 떠나다'의
뜻으로 쓰인다. '离别'는 '离了别/离完别/离什么别'와 같이 확장되므로
이합사이다.

[(출세 出世): 出世]

韓:　① 사회적으로 높은 지위에 오르거나 유명하게 됨.

　　　예 명문 대학을 나온다고 다 출세하는 것은 아니다.(不全是名
　　　　校出身)

　　　② 숨어 살던 사람이 세상에 나옴.

예 20년 후에 그는 스님이 되어서 출세했다.(20年后, 他已僧人
的身份出现)

③ 세상에 태어남.

예 아버지가 출세한 곳은 부산이다.(父亲出生的地方是釜山)

중: ① 출생하다. 태어나다.

예 十年前他还没出世呢。(10년 전에 그는 아직 태어나지도 않
았었다)

② 생산하다. 세상에 나오다.

예 我厂新产品近期出世。(우리 공장의 신제품이 가까운 시기
에 생산될 것이다.)

③ 세상에 우뚝 솟다. 높이 솟다

예 华山横空出世, 令人叫绝。(화산은 하늘을 찌를 듯 우뚝 솟
아 있어 사람들의 탄성을 자아낸다.)

'出世'는 한국어에서 '① 사회적으로 높은 지위에 오르거나 유명하
게 됨, ② 숨어 살던 사람이 세상에 나옴, ③ 세상에 태어남'의 뜻인데,
중국어에서는 '① 출생하다. 태어나다, ② 생산하다, 세상에 나오다, ③
세상에 우뚝 솟다. 높이 솟다'라는 뜻으로 쓰인다. 두 언어에서 모두
'태어나다'의 뜻을 가지고 있지만 한국어에서는 사용빈도수가 낮은 편
으로 서로 다른 뜻으로 쓰이는 경향이 있다. '出世'는 중국어에서는 '出
了世/出完世/出过世'와 같이 확장하므로 이합사이다.

[(퇴보 退步): 退步]

韓:　①　뒤로 물러감.

　　　예　겁에 질려 뒷걸음질하다.(害怕得往后退步)

　　　②　정도나 수준이 이제까지의 상태보다 뒤떨어지거나 못하게 됨.

　　　예　기예가 퇴보하다(技艺退步)

중:　①　퇴보하다. 후퇴하다. 나빠지다.

　　　예　남동생의 성적이 나날이 나빠졌다.(弟弟的成绩越来越退步了)

　　　②　(물러나서) 양보하다. 사양하다.

　　　예　若是双方都不退步，这问题就没法解决。(만약 양측에서 모두 양보하지 않으면, 이 문제는 해결할 방법이 없다)

　　　③　퇴로. 빠져나갈 구멍. 물러설 여지.

　　　예　빠져나갈 구멍을 남겨두다.(留个退步)

　'退步'는 한국어에서 '① 뒤로 물러감, ② 정도나 수준이 이제까지의 상태보다 뒤떨어지거나 못하게 됨'의 뜻인데, 중국어에서는 '① 퇴보하다. 뒷걸음질하다. 후퇴하다. 낙오하다. 악화하다. 나빠지다. ② (물러나서) 양보하다. 사양하다. ③ 물러설 여지. 빠져 나갈 구멍. 퇴각로. 퇴로'라는 뜻으로 쓰인다. 한국어 중국어 사이에 일부 같은 뜻을 가지고 있지만 서로 다른 뜻으로 쓰일 수도 있다. '退步'는 '退了步/退着步/退完步' 등과 같이 확장할 수 있으므로 이합사이다.

③ AB > AB(동형 축소된 이의)

(13) (가열 加熱): 加热 (통신 通信): 通信

[(가열 加熱): 加热]

韓:　① 어떤 물질에 열을 가함.

　　예 우유를 고온에서 단시간 가열하다.(牛奶在短时间内加热)

　　② 어떤 사건에 열기를 더함.

　　예 시간이 지날수록 경기는 더욱 가열되는 양상을 띠었다.(时间越长, 景气越繁荣)

중:　가열하다. 데우다.

　　예 给吃的东西加热。(음식에 열하다)

'加熱'은 한국어에서 '① 어떤 물질에 열을 가함, ② 어떤 사건에 열기를 더함'의 뜻인데, 중국어에서는 '가열하다. 데우다'라는 뜻으로 쓰인다. '加熱'은 한국어에서의 의미의 장이 더 넓다는 것을 알 수 있다. '加热'은 '加了热/加完热/加着热/加什么热/加几次热' 등과 같이 확장할 수 있으므로 이합사이다.

[(통신 通信): 通信]

韓:　① 소식을 전함.

　　예 교통이 불편한 나라였다. 따라서 통신도 대단히 곤란하였다.(交通不便的国家, 它的通信也随之非常困难)

　　② 우편이나 전신, 전화 따위로 정보나 의사를 전달함.

　　예 이 지역은 통신 상태가 불량하다. (这个地区的通信状态不良)

③ 신문이나 잡지에 실을 기사의 자료를 보냄. 또는 그 자료.

㉠ 몇 사람 편집이나 통신 정리를 거들어 줘야겠어.(需要几个人帮忙编辑或整理材料)

중:　① (전파·광파 등의 신호를 통해) 통신하다. 문자나 화상을 전송하다.

㉠ 通信秘密受法律的保护。(통신의 비밀은 법으로 보장되어 있다.)

② 편지를 내다. 통신하다.

㉠ 我们经常通信。(우리는 자주 편지를 서로 보냈다)

③ 소식을 전달하다. 연락을 취하다.

㉠ 已经向职员们通了信。(벌써 직원들한테 소식을 전달했다)

'通信'은 한국어에서 '① 소식을 전함. ② 우편이나 전신, 전화 따위로 정보나 의사를 전달함. ③ 신문이나 잡지에 실을 기사의 자료를 보냄. 또는 그 자료'의 뜻인데, 중국어에서 '① (전파·광파 등의 신호를 통해) 통신하다. 문자나 화상을 전송하다. ② 편지를 내다. 통신하다. ③ 소식을 전달하다. 연락을 취하다'라는 뜻으로 쓰인다. '通信'은 한국어에서 의미가 더 많은 것을 볼 수 있다. 중국어에서는 '通了信/通过信/通着信/通完信/通什么信' 등과 같이 확장하므로 이합사이다.

④ AB < AB(동형 확장된 이의)

(14) (세수 洗手): 洗手 (출구 出口): 出口

[(세수 洗手): 洗手]

韓:　손이나 얼굴을 씻음. 세면.

　　　예 그는 찬물로 세수한다.(他用凉水洗涮)

中:　① 손을 씻다.

　　　예 吃饭前一定要洗手。(밥을 먹기 전에 꼭 손을 씻어야 해)

　　　② (도둑·도박꾼이) 나쁜 짓에서 손을 떼다. 손을 씻고 새
　　　　 삶을 살다. 개과천선하다.

　　　예 他以前偷过东西, 但是从去年开始就洗手不干了。(그는 전에
　　　　 도둑질을 많이 했는데, 작년부터 완전히 손을 뗐다.)

　'洗手'는 한국어에서 '손이나 얼굴을 씻음. 세면'의 뜻인데 반해, 중
국어에서는 '① 손을 씻다. ② (도둑·도박꾼이) 나쁜 짓에서 손을 떼
다. 손을 씻고 새 삶을 살다. 개과천선하다'라는 뜻으로 쓰인다. '洗手'
는 중국어에서 의미가 더 많다는 것을 볼 수 있다. '洗手'는 중국어에
서는 '洗了手/洗过手/洗完手/洗什么手/洗一次手' 등과 같이 확장할 수
있으므로 이합사이다.

[(출구 出口): 出口]

韓:　출구.

　　　예 지하철의 출구.(地铁出口)

중:　① 출구

　　　예 封死出口 (출구를 봉쇄하다.)

　　　② 수출하다.

例 出口商品 (수출 상품)

③ 말을 꺼내다. 말을 하다.

例 出口伤人 (근거 없는 말로 헐뜯어 남을 해치다.)

'出口'는 한국어에서 '출구'의 뜻인데 반해, 중국어에서는 '① 출구, ② 수출하다, ③ 말을 꺼내다. 말을 하다'라는 뜻으로 쓰인다. '出口'는 중국어에서 의미가 더 많다는 것을 볼 수 있다. '出口'는 중국어에서는 '出了口/出过口/出完口/出什么口' 등과 같이 확장할 수 있으므로 이합사이다.

4.3.3. 이형동의

① AB = AC형

> (15) 입국(入國: 入境) 교대(交代: 交班) 기안(起案: 起草) 탈세(脫稅: 逃税)
> 발열(發熱: 发烧) 이탈(離脫: 离队) 망각(忘却: 忘掉) 모금(募金: 募捐)
> 방학(放學: 放假) 봉인(封印: 封口) 출장(出張: 出差)

[입국(入國: 入境)]

한국어 '入國'과 중국어 이합사 '入境'은 모두 '자기 나라 또는 남의 나라 안으로 들어감'이라는 뜻이지만 중국어에서는 '入了境/入过境/入完境/入了两次境' 등이 모두 가능하므로 이합사이다.

[교대(交代: 交班)]

한국어 '交代'와 중국어 이합사 '交班'은 모두 '어떤 일을 여럿이 나누어서 차례에 따라 맡아 함. 또는 그 차례에 따라 일을 맡은 사람'이라는 뜻이지만 중국어에서는 '交了班/交过班/交完班/交谁的班'와 같아 확장하므로 이합사이다.

[모금(募金: 募捐)]

한국어 '募金'과 중국어 이합사 '募捐'은 모두 '기부금이나 성금 따위를 모음'이라는 뜻으로 중국어에서는 '募了捐/募过捐/募什么捐/募完捐'과 같이 확장하므로 이합사이다.

[탈세(脫稅: 逃稅)]

한국어 '脫稅'와 중국어 이합사 '逃稅'는 모두 '납세자가 납세액의 전부 또는 일부를 내지 않는 일'이라는 뜻이지만 중국어에서는 '逃了稅/逃过稅/逃完稅/逃什么稅' 등과 같이 확장하므로 이합사이다.

[출장(出張: 出差)]

한국어 '出張'과 중국어 이합사 '出差'는 모두 '용무를 위하여 임시로 다른 곳으로 나감'이라는 뜻이지만 중국어에서는 '出了差/出过差/出着差/出什么差/出几次差' 등과 같이 확장하므로 이합사이다.

② AB = CA형

(16) 사사(師事: 拜师) 주정(酒酊: 酗酒)

[사사(師事:拜师)]

한국어 '師事'와 중국어 이합사 '拜师'는 모두 '스승으로 섬김. 또는 스승으로 삼고 가르침을 받음'이라는 뜻이지만 중국어에서는 '拜了师/拜完师/拜过师/拜谁的师/拜几次师' 등과 같이 확장하므로 이합사이다.

[주정(酒酊: 酗酒)]

한국어 '酒酊'과 중국어 이합사 '酗酒'는 모두 '술에 취하여 정신없이 말하거나 행동함. 또는 그런 말이나 행동'이라는 뜻이지만, 중국어에서는 '酗过酒/酗了酒/酗完酒/酗什么酒/酗几次酒'과 같이 확장하므로 이합사이다.

③ AB = CB형

(16) 수교(修交: 建交) 수영(水泳: 游泳) 입원(入院: 住院) 유명(有名: 出名)
　　 낙태(落胎: 打胎) 맹세(盟誓: 起誓) 물두(沒頭: 埋头) 안심(安心: 放心)
　　 음독(飮毒: 服毒) 복수(復仇: 报仇) 퇴원(退院: 出院) 합격(合格: 及格)

[수영(水泳: 游泳)]

한국어 '水泳'과 중국어 이합사 '游泳'은 모두 '스포츠나 놀이로서 물 속을 헤엄치는 일'이라는 뜻이지만 중국어에서는 '游了泳/游过泳/游完泳/游什么泳/游一次泳'과 같이 확장하므로 이합사이다.

[입원(入院: 住院)]

한국어 '入院'과 중국어 이합사 '住院'은 모두 '환자가 병을 고치기 위하여 일정한 기간 동안 병원에 들어가 머무는 것'이라는 뜻이지만 중국어에서는 '住了院/住过院/住着院/住哪个院/住完院/住几次院' 등과 같이 확장하므로 이합사이다.

[안심(安心: 放心)]

한국어 '安心'과 중국어 이합사 '放心'은 모두 '모든 걱정을 떨쳐 버리고 마음을 편히 가짐'이라는 뜻이지만 중국어에서는 '放了心/放过心/放着心/放什么心' 등과 같이 확장하므로 이합사이다.

[퇴원(退院: 出院)]

한국어 '退院'과 중국어 이합사 '出院'은 모두 '일정 기간 병원에 머물던 환자가 병원에서 나옴'이라는 뜻이지만 중국어에서는 '出了院/出过院/出什么院/出完院' 등같이 확장하므로 이합사이다.

[합격(合格: 及格)]

한국어 '合格'과 중국어 이합사 '及格'은 모두 '시험, 검사, 심사 따위에서 일정한 조건을 갖추어 어떠한 자격이나 지위 따위를 얻음'이라는 뜻이지만 중국어에서는 '及了格/及什么格/及几次格' 등과 같이 확장하므로 이합사이다.

④ AB = BC형

(17) 지불(支拂: 付款) 계산(計算: 算账) 출가(出嫁: 嫁人) 수출(输出: 出口)

[지불(支拂: 付款)]

한국어 '支拂'과 중국어 이합사 '付款'은 모두 '돈을 내어 줌. 또는 값을 치름'이라는 뜻이지만 중국어에서는 '付了款/付过款/付什么款/付一次款' 등과 같이 확장하므로 이합사이다.

[계산(計算: 算账)]

한국어 '計算'과 중국어 이합사 '算账'은 모두 '① 수를 헤아림. ② 어떤 일을 예상하거나 고려함. ③ 값을 치름'이라는 뜻이지만 중국어에서는 '算了账/算完账/算过账/算谁的账/算什么账/算一下账' 등과 같이 확장하므로 이합사이다.

[출가(出嫁: 嫁人)]

한국어 '出嫁'와 중국어 이합사 '嫁人'은 모두 '처녀가 시집을 감'이라는 뜻이지만 중국어에서는 '嫁了人/嫁过人/嫁完人/嫁什么人/嫁一次人'과 같이 확장하므로 이합사이다.

[수출(輸出: 出口)]

한국어 '輸出'과 중국어 이합사 '出口'는 모두 '국내(國內)에서 외국(外國)으로 재화(財貨)를 팔기 위하여 실어 냄'이라는 뜻이지만 중국어에서는 '出了口/出过口/出完口/出什么口/出几次口' 등과 같이 확장하므로 이합사이다.

⑤ AB = BA형

    (18) 노발(怒髮: 发怒)

[노발(怒髮: 发怒)]

    한국어 '怒髮'과 중국어 이합사 '发怒'는 모두 '성내다, 화내다'라는 뜻이지만 중국어에서는 '发了怒/发着怒/发过怒/发完怒/发什么怒/发几次怒' 등과 같이 확장하므로 이합사이다.

⑥ AB = CD형

    출근(出勤: 上班) 무료(無料: 免费) 등교(登校: 上学) 조정(調整: 校准)
    사과(謝過: 道歉) 불운(不運: 倒霉) 이사(移徙: 搬家) 등록(登錄: 报到)

[출근(出勤: 上班)]

    한국어 '出勤'과 중국어 이합사 '上班'은 모두 '근무처로 일하러 나가거나 나옴'이라는 뜻이지만 중국어에서는 '上了班/上过班/上完班/上着班/上什么班/上几天班' 등과 같이 확장하므로 이합사이다.

[무료(無料: 免费)]

    한국어 '無料'와 중국어 이합사 '免费'는 모두 '돈을 받지 않다. 무료로 하다. 돈 낼 필요가 없다'라는 뜻이지만 중국어에서는 '免了费/免过费/免完费/免什么费/免一次费' 등과 같이 확장하므로 이합사이다.

[등교(登校: 上学)]

    한국어 '登校'와 중국어 이합사 '上学'는 모두 '학교에 출석함, 학교에 가다'라는 뜻이지만 중국어에서는 '上了学/上过学/上完学/上着学/上什么学/上几年学' 등과 같이 확장하므로 이합사이다.

[조정(調整: 校准)]

한국어 '調整'과 중국어 이합사 '校准'은 모두 '고르지 못한 것이나 과부족(過不足)이 있는 것 따위를 알맞게 조절하여 정상 상태가 되게 함'이라는 뜻이지만 중국어에서는 '校了准/校过准/校完准/校什么准/校几次准' 등과 같이 확장하므로 이합사이다.

[사과(謝過: 道歉)]

한국어 '謝過'와 중국어 이합사 '道歉'은 모두 '잘못에 대하여 용서를 빎'이라는 뜻이지만 중국어에서 '道了歉/道过歉/道完歉/道什么歉/道几次歉' 등과 같이 확장하므로 이합사이다.

[불운(不運: 倒霉)]

한국어 '不運'과 중국어 이합사 '倒霉'는 모두 '재수 없다. 운수 사납다. 불운하다'라는 뜻이지만 중국어에서는 '倒了霉/倒过霉/倒完霉/倒什么霉/倒几次霉' 등과 같이 확장하므로 이합사이다.

[이사(移徙: 搬家)]

한국어 '移徙'와 중국어 이합사 '搬家'는 모두 '사는 곳을 다른 데로 옮김'이라는 뜻이지만 중국어에서는 '搬了家/搬完家/搬过家/搬什么家/搬几次家' 등과 같이 확장하므로 이합사이다.

[등록(登錄: 报道)]

한국어 '登錄'과 중국어 이합사 '报到'는 모두 '일정한 자격 조건을 갖추기 위하여 단체나 학교 따위에 문서를 올림'이라는 뜻이지만 중국어에서는 '报了到/报过到/报完到/报什么到/报一次到' 등과 같이 확장하므로 이합사이다.

제 5 장

맺는 말

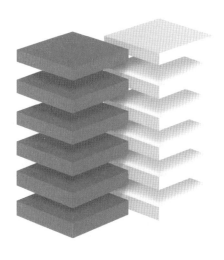

맺는 말

언어는 사상을 담는 그릇이며 한 나라의 문화의 정수라고 할 수 있을 것이다. 따라서 한중 양국의 역사와 문화의 유사성, 일반적으로 예측되는 미래 상황 등을 고려해 볼 때, 한국어와 중국어를 비교, 연구하는 것은 매우 중요한 일이 아닐 수 없다. 특히 한국은 오랫동안 한자를 사용해 왔고, 한국어의 많은 부분이 한자로 이루어져 있으므로 그 중요성은 더욱 크다고 할 수 있다.

한국어는 그 언어 분류상 교착어에 속하고 중국어는 고립어에 속한다는 차이점이 있지만, 한국어는 의성어, 의태어의 발달과 함께 어미의 변화가 자유롭다는 점 때문에 복합어가 발달하기 쉬운 구조를 가지고 있으며 중국어 또한 고립어의 특성상 조어력이 왕성하여 새로운 단어를 비교적 쉽게 만들 수 있다는 공통점을 가지고 있다.

한자어는 한국어에서 많은 비중을 차지하고 있는데 이런 한자어 어휘들은 대부분 중국에서 유입된 것으로 의미적으로 중국어 어휘와 비숫한 부분도 있지만, 오랜 언어 역사 속에서 변화하여 한국어로서 한자어는 어느 정도 독립된 체계를 형성하게 되었다. 형태, 품사, 용법 등 전반에서 중국어와 많은 차이를 나타내게 된 것이다. 이런 차이 때문에 많은 사람들은 각 언어를 공부하거나 가르치거나 통역할 때 실수를 피하지 못하는 경우가 있다. 두 언어 사이에 어떤 관계가 있는지 어떤 차이를 지니는지, 그 요지를 파악하는 것은 용이한 일이 아니다. 이전에 많은 학자들은 한국어 한자어 합성어와 중국어 합성어에 대해 연구를 했지만 대부분은 한 방면에서 연구를 하는 것이었다. 양 국의 언어를 대상으로 한 구체적이고 체계적인 대조 연구의 자료가 없다는 것이다. 이 책은 두 언어를 공부하거나 사용하는 이들을 위해 빠르고 정확하게 두 언어의 유사점과 차이점에 근거한 특징을 파악할 수 있도록 연구를 하였다.

이 책에서는 한국어 한자 합성어와 중국어 합성어 및 중국어 이합사를 형태구성, 품사, 용법 세 가지 방면에서 각각의 어휘를 대응하여 살펴보는 대조 연구를 하였다.

먼저 바탕이라고 할 수 있는 합성어의 개념에서부터 시작하여 중국어 합성어와 이합사의 구조와 특징을 확인하였다. 그리고 한국어의 한자어 합성어를 기준으로 하여 그에 상응하는 중국어 어휘를 발췌하여 합성어와 이합사를 별도의 단원으로 구분하여 직접 성분구조를 통해서 한국어 한자어 합성어와 중국어 합성어 및 이합사 사이의 관계를 제시하고 합성을 이루는 구성성분의 품사와 합성어의 품사에 따라서 품사 유형을 분류했다.

형태적으로 한국어 한자어 합성어는 '어간+어간', ' 어간+특수 어간

/ 특수어간+어간', '특수 어간+ 특수 어간' 네 가지 있는데, 중국어 합성어는 '어간+어간'의 구성이 유일하다. 중국어 이합사는 '어간+어간', '어간+비자립어간 / 비자립어간+어간', '비자립어간+ 비자립어간' 네 가지의 구성형식이 있다. 이러한 한국어 한자어 합성어와 중국어 합성어 그리고 이합사 사이의 유사점과 차이점을 살펴보고 예로 제시하였다.

품사적으로 두 언어의 구성 형식을 보면 'N+N, V+N, A+N, N+V, V+V, A+V, Ad+V, N+A, A+A, Ad+A, V+A, V+Ad, A+Ad, Ad+Ad'의 14 가지의 품사구성 형식이 있다. 중국어 합성어에서는 이 14가지 종류가 모두 존재하고 있고, 한국어 한자 합성어에서는 'V+A, V+Ad, A+Ad, Ad+Ad' 네 가지 종류는 존재하지 않는다. 그리고 중국어 이합사에서는 'V+N, V+V, V+A' 이 세 가지만 존재한다.

용법에서는 '동형동의(AB=AB)', '동형이의(AB≠AB, AB~AB, AB> AB, AB< AB)', '이형동의(AB=AC, AB=CA, AB=CB, AB=BC AB=BA AB=CD)'방면으로 분류하여 '한국어 한자어 합성어와 중국어 합성어', '한국어 한자어 합성어와 중국어 이합사'를 자세하게 양상을 서로 대조하여 제시하였다.

이렇게 한국어 한자어 합성어와 중국어 합성어, 한국어 한자어 합성어와 중국어 이합사를 각각 서로 대조하여 본 바에 따라 양 언어는 하나의 어휘를 서로 같은 뜻으로 쓰고 있는 경우도 있고, 다른 뜻으로 쓰고 있는 경우도 있었다. 또 전혀 다른 어휘를 사용하여 같은 의미를 나타내는 경우도 있고, 같은 어휘를 일부의 뜻이 다르게 사용하는 경우도 있었다. 이러한 차이들에 대해서 최금단(2001)은 첫째, 원어의 의미가 파생되어 새로운 뜻을 부여했거나, 둘째, 한국어에 차용될 때 전부의 의미 모두를 차용하지 않았거나, 셋째, 중국어와 차용된 한자어가 사용 초기에는 의미가 동일했지만 양국언어가 자체 내부에서 변화와 발전을 거쳐 쌍방이 모두 변화했거나, 넷째, 일방적인 의미 탈락이 발생하여 동형 동소 이의어로 변형되었을 가능성이 있다고 설명했다. 이러한 설명이 의미하는 바는 양국의 사회와 문화의 차이가 사용하는 언어에까지 영향을 끼친 것이라고 생각된다. 앞으로 더 세부적인 연구가 필요한 부분일 것이다.

참고문헌

1. 한국어 자료

가 범, 2007, 「한국 한자어와 중국어 어휘의 의미구조 연구」, 중앙대학교 대학원.

감서원·홍순효, 2002, 「韓漢字詞和中漢語詞在意義與形式之間的對比硏究」, 충남대학교 대학원 중어중문학과 중어학전공 2002.2.

공재석, 2002, 『한어 언어학』, 도서출판 신서원.

郭秋雯, 2010, 「韓國語 同素逆順 漢字語에 대한 一考察」, 국어학 제57집, 국어학회, 75-202.

권경희, 1992, 「국어의 합성어와-W통어론」, 언어와 언어교육 7('92.12), 동아대학교 어학연구소, 131-155.

권재일, 1985, 『국어 복합문 구성 연구』, 집문당.

권재일, 2006, 『한국어 통사론』, (주)민음사.

金光海, 1993, 「한자 합성어」, 국어학 제24집, 국어학회, 467-484.

金德均, 2006, 「현대 한어 진행상 '在'와 지속상 '着'의 認知的 顯著性」, 中國人文科學, 중국인문학회(구, 중국인문과학연구회), 49-59.

金慧順, 2005, 「중한일 한자어 비교 연구」, 영남대학교 대학원 중어중문학과, 2005.6.

김경한, 1980, 「漢字語의 위치정립을 위한 一考察」, 국어국문학 제84권, 국어국문학회, 225-229.

김광조, 2003, 「경동사 가설과 현대 한어(漢語) 파자문(把字文)의 통사 구조에 관하여」, 중국언어연구 17권, 한국중국언어학회, 79-105.

김광해, 1993, 「국어사전에서의 합성어 처리에 관한 연구」, 국립국어연구회.

김규철, 1997, 「漢字語 單語形成에 대하여」, 국어학 제29집, 국어학회, 261-308.

김기혁, 1994, 「문장접속의 통어적 구성과 합성동사의 생성」, 국어학 제24집, 국어학회, 403-465.

김덕균, 2003, 「현대 한어 相의 자질 분석」, 중국인문학회 정기학술대회 발표논문집(학술발표회) 제28호, 중국인문학회, 125-135.

김동소 역, 1985, 『알타이어 형태론 개설』, 민음사.

김민영, 2002, 「한자어 형태소의 유형 분석에 관한 연구」, 연세대학교 대학원, 2002. 2.

김민정, 1999, 「우리말 합성어의 어휘화 연구」 동아대학교 대학원 국어국문학과, 1999.12.

김봉주, 1984, 『형태론』, 한신문화사.

김승곤, 1986, 『한국어 통어론』, 아시아문화사.

김양진, 2005, 「일음절 한자어 어기의 형태론적 재해석」, 어문논집 제52집, 민족어문학회, 97-120.

김용범, 1989, 「합성어 구조유형에 관한 연구」, 동아대학교 교육대학원 국어교육전공, 1989. 8.

김용석, 2000, 『생성문법론』, 경진문화사.

김윤화, 2010, 「현대 국어의 신어형성 양상 연구」, 순천대학교 국어교육전공, 2010. 2.

김윤희, 2003, 「복합어 교육의 실태 연구」, 인천대학교 교육대학원 국어교육전공, 2003.2.

김인철, 1987, 「복합어와 굴절어 어휘형성 과정에 관한 연구」, 朝鮮大學校, 英語英文學科, 1987.

김일병, 2000, 『국어 합성어 연구』, 역락출판사.

김정은, 2000, 『국어 단어형성법 연구』, 도서출판 박이정.

김종택, 1992, 『국어 어휘론』, 탑출판사.

김지형, 2001, 『한국어와 중국어와의 비교』, 도서출판 박이정.

김창섭, 2010, 「한자어 형성과 고유어 문법의 제약」, 국어학 제37집, 국어학회,

177-195.

김태경, 2005, 『중국 음운학』, 학고방.

김혜순, 2005, 「한중일 한자어 비교연구」, 중어중문학과, 영남대학교.

김혜정, 2000, 「현대국어의 통사적 합성동사 연구」, 仁川大學校 一般大學院 國語國文學科, 2000.

깅병일, 2000, 『국어 합성어 연구』, 역락출판사.

나은미, 2007, 「합성어 구성 성분의 의미 결합 양상: 합성명사를 중심으로」, 한성대학교 출판부.

나주, 2007, 「現代漢語復合詞中的羨余現象」, 중국어문학 50권, 영남중국어문학회 469-490.

남기심·고영근, 1985, 『표준 국어문법론』, (주)탑출판사.

南明玉, 2009, 「연변 조선어의 친족어 연구」, 전남대학교 대학원 국어국문학과, 2009.8.

노명희, 1997, 「한자어 형태론」, 국어학 29집, 국어학회 309-339.

노명희, 2003, 「구에 결합하는 접미한자어의 의미와 기능」, 한국어 의미학 13권, 한국어의미학회, 69-95.

노명희, 2006, 「국어 한자어와 고유어의 동의중복 현상」, 국어학 제48집, 국어학회, 259-288.

노명희, 2006, 「한자어 문법 단위와 한자어 교육」, 국어국문학 제142호, 국어국문학회, 465-489.

노명희, 2007, 「한자어의 어휘 범주와 내적 구조」, 진단학보 제103호, 진단학회, 167-191.

노명희, 2008, 「한자어의 구성성분과 의미 투명도」, 국어학 제51집, 국어학회, 89-113.

노명희, 2008, 「한자어의 의미 범주와 한자 형태소의 배열 순서」, 韓國文化 제44집, 서울대학교 한국문화연구소, 217-237.

劉永基, 1992, 「중국어의 어휘구조연구」, 성균관대학교, 박사학위논문.

李榮奎, 1992, 「現代漢語單音節依存形式小考」, 中國學硏究 7('92.10), 중국학연구회, 227-249.

묘춘매, 2006, 「韓國 漢字語 慣用表現의 類型 研究」, 江原大學校 大學院 國語 國文學科, 2006.8.

민병준, 1992, 「국어 교육에서의 한자어 문법」, 韓國國語教育研究會 論文集 46 ('92.9), 한국어교육학회(구-한국국어교육연구학회), 39-69.

민재홍, 2000, 「현대중국어 수식구조 이음절 복합어연구」, 연세대학교 대학원, 중 어중문학과 2000.2.

박경현 외, 1990, 『국어의미론』, 개문사.

朴英燮, 1997, 「國語 漢字語에 대한 小攷」, 국어학 제29집, 국어학회, 341-358

박지영, 2005, 「우리 국어 중의 한자어와 중국어의 어휘 대조 연구」, 中國語文 學誌 제18집, 465-496.

박지원, 1999, 「중국어 어휘구조 연구」, 경기대학교 대학원, 석사논문.

방향옥, 2011, 「한국 한자어와 중국어의 접두파생어 대조 연구」, 조선대학교 대학 원, 2011.

배재석·윤창준, 2004, 「한국 한자어와 중국어 어휘의 어의, 형태론적 비교연구」, 이중언어학 제25호, 이중언어학회, 93-112.

백봉자, 2002, 『한국어 문법 사전』, 연세대학교출판부.

백영석, 2001, 「신조어 조어법 연구_명사를 중심으로」, 단국대학교 대학원 국어국 문학과 국어학 2001.

서민정, 1998, 「'V1어V2' 형 합성움직씨의 하위범주화 자질 형성 규칙」, 우리말 연구 8('98.12) 우리말학회, 197-215.

서정섭, 2009, 「사람 관련 한자어 접미사 연구」, 국어문학, 국어문학회 46권, 석 사학위논문, 7-130.

서정수, 1981, 「합성어에 관한 문제」, 한글 367~400, 전체 34쪽. 한글학회.

서정수, 1990, 『국어문법의 연구』, 한국문화사.

성관수, 1988, 「합성어구성에 대한 검토」, 201, 202합('88.12) 57-82, 한글학회.

성광수, 2004, 「한어(漢語)와 한어(韓語)의 한자어휘(漢字語彙) 대비(對比)」, 새 국어교육 67권, 한국국어교육학회, 917-220.

宋基中, 2007, 「東洋 三國 漢字 語彙 鳥瞰」, 국어학 제49집, 국어학회, 315-331.

송화연, 2007, 「한(韓), 중(中) 한자어의 의미, 형태, 용법 대조」, 중국언어연구,

제24집, 한국중국언어학회, 513-534.

심재기, 1982, 『국어 어휘론』, 집문당.

沈在箕, 1987, 「한자어의 구조와 그 조어력」, 국어생활 8('87.3), 국어연구소, 25-39.

沈在箕, 2010, 『국어화자의 2음절 한자어 구성요소 파악에 대한 고찰』, 형태론 도서출판 박이정, 201-216.

안민수, 1989, 「복합명사의 통사·연구」, 이화여자대학교 대학원 석사학위논문.

安平鎬·楊彛郎, 2007, 「韓國과 日本 漢字語 語彙에 관한 對照硏究」, 국어학 제49집, 국어학회, 333-353.

양광석, 1999, 『한문문법론』, 관동출판사.

梁明姬, 2008, 「二音節 漢字語 뒤에 오는 一音節 漢字語에 대하여」, 語文硏究 36권 3호, 한국어문교육연구회, 63-85.

양영진, 2010, 「한자복합어 의존 형태소 연구」, 경대응학교 대학원 국어국문학과, 2010.2.

呂炳昌, 2007, 「韓·中 漢語 품사분류 상의 몇 가지 문제에 대하여」, 中國人文科學 제37호, 중국인문학회(구, 중국인문과학연구회), 163-184.

오충신, 2010, 「한국어와 한어의 합성어 대비 연구」, 건국대학교 대학원 국어국문학과 2010.8.

유미상, 2008, 「중·고급 한국어 학습자의 어휘 학습을 위한 한자어 접사 및 파생어 선정에 관한 연구_말뭉치를 기반으로」, 연세대학교 교육대학원, 외국어로서의 한국어교육 전공 2008.2.

유영기, 2003, 「중간어로서의 한자어」, 中國人文科學 제27호, 중국인문학회(구, 중국인문과학연구회), 163-181.

이석주, 1987, 「國語 語構成 硏究」, 중앙대학교, 국어국문, 박사논문.

李奭周, 1986, 「국어 합성어 구조 연구」, 論文集 漢城大學校, 53-75.

이선영, 1998, 「합성명사의 통사적 의미 분류연구」, 명지대학교 대학원 국어국문학과 국어학전공 1998.2

李榮奎, 1999, 「漢語語系와 漢語實詞」, 中國硏究, 韓國外國語大學校 外國學綜合硏究센터 中國硏究所, 3-32.

李于錫, 2010, 「「三字漢語」의 品詞性」, 日語日文學研究, 제39집 한국일어일문학회, 177-196.

이익섭, 1965, 「국어 복합명사의 IC분석」, 국어국문학, 제30권, 국어국문학회.

이주화, 2005, 「중국어 합성어 유핵성 문제」, 연세대학교 대학원 중어중문학과, 2005.8.

이주화, 2005, 「현대중국어 형태소에 대한 이해」, 연세대학교 대학원 중어중문학과 2005.8.

이주화, 2005, 「현대중국어 형태소에 대한 이해」, 延世大學校 大學院 중어중문학과 2005.8.

이주희·여도수, 1998, 「종합 합성어와 어근 합성어의 특성」, 논문집 공주영상정보대학, 65-77.

이헌경, 1997, 「영어와 중국어의 합성어 연구」, 昌原大學校 大學院 英語英文學科 英語學專攻, 1997.

印平, 2007, 「試論對外漢語教學中趨向動詞 '來', '去' 的問題」, 중국어문학논집, 중국어문학연구회, 223-235.

장쟁, 2011, 「한·중 합성명사의 구조 비교 연구」, 선문대학교 일반대학원, 국어국문학과.

장혜연, 2007, 「신어의 조어 방식과 특성』, 한양대학교, 어문학계열, 2007.2.

전명미·최동주, 2007, 「신어의 단어 형성법 연구」, 韓民族語文學 50권, 한민족어문학회, 207-230.

정동환, 1991, 「국어 합성어의 의미관계 연구」, 건국대학교 대학원 국어국문학과, 1991.8, 153-157.

정민영, 1995, 「국어의 단축 어휘 형성-한자어를 중심으로」, 개신어문연구 제12집, 개신어문학회.

정성기, 1995, 「복합어 형성에 관한 범주론적 분석」, 조선대학교 인문과학연구소, 17('95.12), 245-272.

정성기, 1996, 「합성복합어의 범주론적 분석」, 조선대학교 대학원 영어영문학과 1996.

정성임, 2001, 「漢語語彙史의 常用語 연구에 관한 고찰」, 中國人文科學 제23집,

중국인문학회(구, 중국인문과학연구회), 61-81.

정원수, 1994, 『국어의 단어 형성론』, 한신문화사.

조담옥, 1993, 「複合語에 관한 研究」, 효성여자대학교 대학원 영어영문학과 1993.

조일규, 2008, 「국어에 나타난 한자어 의존 형태소 연구」, 동남어문논집, 동남어문학회, 1-26.

채옥자, 2004, 「한국한자어와 중국현대한어어휘의 비교 연구」, 이중언어학, 이중언어학회, 267-278.

최규수, 2001, 「형식 품사의 형태·통어론적 지위에 관한 연구」, 한글 252.

최규수, 2007, 「복합어의 어기와 조어법 체계에 대하여」, 한글 277.

최규수, 2009, 『한국어 통사론 입문』, 박이정.

최규수, 2010, 『한국어형태론 입문』, 부산대학교 국어학교실.

최규일, 1989, 「한국어 어휘형성에 관한 연구」, 성균관대학교, 박사논문.

최봉랑, 2008, 「중국어 동태조사 '착'(着)의 한국어 표현에 대하여」, 중국어문학 제52호, 영남중국어문학회, 465-485.

최상진, 1995, 「合成語의 意味的 共起關係에 關한 研究」, 語文研究, 85('95.3), 한국어문교육연구회, 50-71.

최옥자, 2010, 「신어의 유형과 조어 구성 방식」, 전북대학교 대학원, 국어국문학(국어학) 2010.8.

최장수, 2002, 「國語 新造語의 特性 研究」, 嶺南大學校 教育大學院, 國語教育 專攻, 2002.2.

최재영, 2008, 「중국어 조동사 연구 (1)」, 中國研究, 한국외국어대학교 외국학종합연구센타 중국연구소 제43권 277-299.

최태옥, 1988, 「한어(漢語)형용동사 어간의 어성(語性)에 관한 연구」, 日本語教育 4권, 한국일본어교육학회, 27-50.

최현배, 1978, 『우리말본』, 정음사.

한재균, 2005, 「漢語復合式新詞語三題」, 중국언어연구 21권, 한국중국언어학회, 151-163.

허웅, 1983, 『국어학』, 샘문화사.

허웅, 1995, 『20세기 우리말의 형태』, 샘, 문화사.

허철, 2008, 「국어사전 등재 어휘를 통해 본 어휘 구성 분석과 한자의 조어 능력 조사」, 東方漢文學 제37집, 東方漢文學會, 289-333.

홍사만, 1990, 『국어 어휘 의미 연구』, 학문사.

황병강, 2010, 「조중 합성동사 대비연구」, 중국조선어문, 길림성민족사무위원회, 2010년 제1호, 23-28.

황호덕, 2010, 「근대 한어(漢語)와 모던 신어(新語)」, 상허학보 상허학회, 263-305.

황화상, 2001, 『국어형태단위의 의미와 단어형성』, 고려대학교 박사학위논문.

황화상, 2002, 「국어 합성 동사의 의미-'V+어+오다, 가다' 형태의 합성 동사를 중심으로」, 제15호 (2002. 6), 307-324.

2. 중국어 자료

商务印书馆, 2005, 『現代漢語詞典』, 第5版

顧陽·沈陽, 2001, 「漢語合成複合詞的構x造過程」, 國外語言學, 第3期, 1-16.

郭銳, 1996, 『現代漢語詞類研究』, 北京商務印書館.

戴昭銘, 1988, 「現代漢語合成詞的內部構l造語外部功能ɜ的關係」, 語文研究, 第4期, 21-27.

등사영, 2008, 「汉语复合词的论元结构」, 語言教學與研究, 2008년도 제4차, 10-17.

劉叔新, 1985, 「漢語複合詞內部形成的特點與類別」, 中國語文 第3期, 186-192.

劉忠富, 2003, 『實用漢語詞匯』, 安徽教育出版社.

李春霞·李晗蕾·徐国庆, 2007, 「动宾式合成词的内部特征研究」, 东北农业大学学报(社会科学版), 第5卷第2期, 97-98.

李春霞, 2008, 「动宾式合成词的词汇化衍生方式研究述评」, 南京林业大学学报(人文社会科学版), 第8卷第2期, 90-94.

林燕, 2009, 「动结式复合词的核心问题」, 河北北方学院学报(社会科学版), 第25卷第1期, 23-27.

朴傭鎭, 2000, 「現代漢語的黏著詞根和黏著詞根複合詞」, 國言語研究, 10輯, 101-111.

徐青, 2006, 『現代漢語』, 华东师范大学出版社.

符淮青, 2008, 『現代漢語詞匯』, 차이나하우스.

徐定栩, 2002, 「複合詞語短語的句法地位」, 語法研究和探索, 北京商務印書館. 12, 35-51.

徐通鏘, 1994, 「字和漢語的句法構造」, 世界漢語教學, 第2期.

宋娟娟, 2008, 「定中式合成词词汇化研究综述」, 绥化学院学报, 第28卷第2期, 175-178.

施茂枝, 1999, 「述賓複合詞的語法特點」, 語言教學與研究, 第1期, 123-134.

占勇·钱益军, 2008, 「现代汉语复合词判断标准研究述评」, 湖州师范学院学报, 第31卷 第3 期, 95-99.

정성임, 2007, 「韓·中 漢字語 類型 比較 研究 : HSK 動詞 語彙를 중심으로」, 부산대학교 대학원, 중어중문학과 2007.8.

曹煒, 2001, 『現代漢語辭義學』, 學林出版社.

朱志平, 2005, 『漢語雙音複合辭屬性研究』, 北京大學ゾ出版社.

周荐, 2004, 『漢語詞匯結構論』, 上海辭書出版社.

주취란, 2002, 「動賓複合詞的詞性與句法研究」, 檀國大學校 大學院: 中語中文學科 中國語學(現代語法)專攻 2002.8.

俞理明, 2003, 「汉语词汇中的非理复合词」, 四川大学学报, 第4期, 86-91.

刘钦荣·张帅旗, 1995, 「"动+形"合成词的结构类型」, 中州大学学报(综合版, 第1期, 51-55.

한재균, 2005, 「漢語複合式新詞語三題」, 중국언어연구, 한국중국언어학회, 151-163.

許善淑, 2007, 「중국어 어휘 유래 배경(理據)연구 = 漢語語詞理据研究」, 동국대학교, 중국어교육전공.

张良斌, 2008, 「复合式合成词的结构方式」, 宿州学院学报, 第23卷第3期, 44-46.

张良斌, 2008, 「复合式合成词的结构方式与结构规律」, 宿州学院学报, 第23卷第3期, 44-46.

赵学德·王晴, 2009, 「从认知角度看汉语N+N复合词的构建理据」, 惠州学院学报(社会科学版), 第29卷第2期, 83-87.

胡裕樹·范曉, 2004, 『현대중국어동사연구』, 서울: 학고방

朱君, 2008,『現代漢語詞典』(제4판), :商務印書館.

羅杰瑞, 1995,『漢語槪說』, 北京:語文出版社.

羅常培, 1989,『語言與文化』, 北京:語文出版社.

孟琮等, 1999,『漢語動詞用法詞典』, 北京:商務印書館.

房玉淸, 2001,『實用漢語語法』(修訂本), 北京:北京大學*出版社.

傅雨賢, 1994,『現代漢語語法學』, 廣州:廣東高等敎育出版社.

呂叔湘等, 1999,『語法硏究入門』, 北京:商務印書館.

王力, 1985,『中國現代語法』, 北京:商務印書館.

陸志偉, 1957,『漢語的構+詞法』, 科學出版社.

丁聲樹外, 2002,『現代漢語語法講話』, 北京:商務印書館.

朱德熙, 1997,『語法講義』, 北京:商務印書館.

邢福義, 1997,『漢語語法學』, 東北師范大學, 出版社.

范瑜贞, 2004,「現代漢語述宾式離合詞研究」, 고려대학교 석사학위논문.

申鉉子, 2002,「中國語動賓式離合詞의특성과用法연구」, 동국대학교 교육대학원.

李玹垌, 1999,「現代中國語離合詞에관한研究」, 한국외국어대학교 대학원.

胡再影, 2008,「現代漢語離合詞的研究與敎學」, 부산대학교 박사학위논문.

段业辉, 1994,「论離合詞」, 南京師大學報 (社會科學版)第2期.

王會琴, 2008,「詞匯角度:支配式離合詞的結構分析」, 宜賓學院學報 第10期.

饒勤, 2001,「動賓式離合詞配價的再認識」, 語言敎學與研究 第4期.

饒勤, 1997,「離合詞的結構特點和語用分析」, 漢語學習, 第1期.

韩春梅, 2009,「韩国语汉字复合词与汉语复合词的构词法比较研究」, 吉林省教育学院学报.

张良斌, 2008,「复合式合成词的结构方式与结构规律」, 宿州学院学报 第23 卷 第3 期.

林汉达, 1953,「动词的连写问题」, 中国语文.

林汉达, 1955,「什么不是词--小于词儿的不是词」, 中国语文.

陆志韦, 1985,『汉语的构词法』, 中华书局.

张寿康, 1957,「略论汉语构词法」, 中国语文, 1957年第6期, 8.

赵元任, 1979,『汉语口语语法』, 商务印书馆, 吕叔湘译, 85-199.

陈望道, 1980,「语文运动的回顾和展望」,『陈望道语文论集』, 上海教育出版社, 1980. 32.

『中國語言學大辭典』, 江西教育出版社, 1991, 279.

Huang C, 1984, J ames T. Phrase st ructure, Lexical integrity and Chinese compound[J]. Journal of Chinese Linguistics Teach-ers Association.

부록

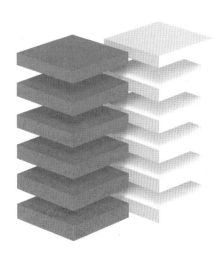

[부록 1] 한국어 한자어 합성어 어휘

價格(가격)	感覺(감각)	改造(개조)	檢査(검사)
加工(가공)	感激(감격)	改進(개진)	檢察(검찰)
可能(가능)	感氣(감기)	開催(개최)	檢討(검토)
加擔(가담)	監督(감독)	開通(개통)	揭示(게시)
假面(가면)	感動(감동)	開票(개표)	揭載(게재)
歌詞(가사)	感謝(감사)	改革(개혁)	激動(격동)
加速(가속)	監事(감사)	開化(개화)	格式(격식)
歌謠(가요)	感傷(감상)	客觀(객관)	見聞(견문)
家庭(가정)	感想(감상)	客氣(객기)	見本(견본)
家族(가족)	減少(감소)	巨大(거대)	見學(견학)
價値(가치)	感電(감전)	距離(거리)	見解(견해)
各其(각기)	感情(감정)	倨慢(거만)	結果(결과)
角度(각도)	感化(감화)	拒否(거부)	決斷(결단)
脚本(각본)	講堂(강당)	拒逆(거역)	結束(결속)
覺悟(각오)	强要(강요)	拒絶(거절)	結實(결실)
各自(각자)	强調(강조)	居處(거처)	決心(결심)
看病(간병)	鋼鐵(강철)	健康(건강)	決議(결의)
干涉(간섭)	强化(강화)	建國(건국)	決裁(결재)
間食(간식)	槪念(개념)	建物(건물)	決定(결정)
懇切(간절)	改良(개량)	建設(건설)	結婚(결혼)
姦通(간통)	開幕(개막)	乾燥(건조)	輕減(경감)
看板(간판)	開發(개발)	建築(건축)	敬虔(경건)
刊行(간행)	開放(개방)	乞人(걸인)	競技(경기)
看護(간호)	改善(개선)	檢擧(검거)	經歷(경력)
葛藤(갈등)	改正(개정)	檢事(검사)	經理(경리)

競馬(경마)　　高調(고조)　　官僚(관료)　　拳銃(권총)

競賣(경매)　　高中(고중)　　管理(관리)　　拳鬪(권투)

警報(경보)　　考察(고찰)　　官司(관사)　　軌道(궤도)

輕率(경솔)　　苦痛(고통)　　關心(관심)　　歸省(귀성)

輕視(경시)　　曲藝(곡예)　　管掌(관장)　　歸化(귀화)

境遇(경우)　　困難(곤난)　　觀点(관점)　　糾明(규명)

競爭(경쟁)　　困乏(곤핍)　　觀察(관찰)　　規模(규모)

經濟(경제)　　共感(공감)　　較量(교량)　　規定(규정)

競走(경주)　　公開(공개)　　教鍊(교련)　　糾彈(규탄)

輕快(경쾌)　　工夫(공부)　　交流(교류)　　極端(극단)

傾向(경향)　　工事(공사)　　教書(교서)　　克服(극복)

經驗(경험)　　供需(공수)　　交易(교역)　　根據(근거)

階段(계단)　　公式(공식)　　教育(교육)　　近來(근래)

啓發(계발)　　工業(공업)　　交雜(교잡)　　勤務(근무)

季節(계절)　　公演(공연)　　交接(교접)　　根本(근본)

計座(계좌)　　工作(공작)　　校庭(교정)　　謹嚴(근엄)

系統(계통)　　空轉(공전)　　較差(교차)　　今方(금방)

計劃(계획)　　公衆(공중)　　交通(교통)　　禁止(금지)

顧客(고객)　　空冊(공책)　　教化(교화)　　急死(급사)

孤立(고립)　　空港(공항)　　教訓(교훈)　　給與(급여)

古物(고물)　　貢獻(공헌)　　求景(구경)　　機關(기관)

苦悶(고민)　　恐慌(공황)　　購買(구매)　　紀念(기념)

告別(고별)　　過年(과년)　　區別(구별)　　企圖(기도)

考査(고사)　　誇示(과시)　　構成(구성)　　氣力(기력)

苦生(고생)　　菓子(과자)　　拘束(구속)　　記錄(기록)

高速(고속)　　課程(과정)　　構造(구조)　　氣味(기미)

考試(고시)　　過程(과정)　　具體(구체)　　技師(기사)

高壓(고압)　　關係(관계)　　國家(국가)　　機司(기사)

高低(고저)　　寬大(관대)　　局面(국면)　　記事(기사)

固定(고정)　　觀覽(관람)　　窮地(궁지)　　汽船(기선)

記憶(기억)	路程(노정)	大膽(대담)	動作(동작)
期日(기일)	老婆(노파)	大量(대량)	同行(동행)
記入(기입)	老化(노화)	代理(대리)	同化(동화)
汽車(기차)	錄音(녹음)	對立(대립)	鈍化(둔화)
基礎(기초)	綠化(녹화)	對象(대상)	登校(등교)
氣品(기품)	농談(농담)	代身(대신)	等分(등분)
機會(기회)	農民(농민)	待遇(대우)	登用(등용)
緊急(긴급)	累積(누적)	待接(대접)	落心(낙심)
金庫(금고)	陋醜(누추)	大宗(대종)	落胎(낙태)
樂觀(낙관)	能力(능력)	對處(대처)	拉致(납치)
落第(낙제)	能熟(능숙)	待避(대피)	冷房(냉방)
落後(낙후)	短見(단견)	到達(도달)	濾過(여과)
暖房(난방)	單番(단번)	道路(도로)	劣惡(열악)
亂暴(난폭)	單純(단순)	道理(도리)	老衰(노쇠)
男子(남자)	單語(단어)	導師(도사)	陸橋(육교)
男便(남편)	單位(단위)	倒産(도산)	理致(이치)
納得(납득)	短點(단점)	導入(도입)	萬一(만일)
浪費(낭비)	團體(단체)	到着(도착)	亡命(망명)
內外(내외)	短縮(단축)	獨立(독립)	妄想(망상)
內容(내용)	擔當(담당)	讀書(독서)	賣却(매각)
來日(내일)	答禮(답례)	突擊(돌격)	賣買(매매)
內戰(내전)	答狀(답장)	突然(돌연)	賣盡(매진)
冷淡(냉담)	唐根(당근)	突破(돌파)	面貌(면모)
冷笑(냉소)	當面(당면)	同甲(동갑)	面前(면전)
年賀(연하)	當付(당부)	動機(동기)	面會(면회)
念慮(염려)	當然(당연)	動力(동력)	滅亡(멸망)
勞苦(노고)	大家(대가)	同盟(동맹)	命令(명령)
努力(노력)	大綱(대강)	同生(동생)	名節(명절)
路線(노선)	大權(대권)	同時(동시)	名銜(명함)
露店(노점)	待機(대기)	同意(동의)	明確(명확)

募金(모금)	密接(밀접)	訪韓(방한)	保養(보양)
模範(모범)	反對(반대)	妨害(방해)	保有(보유)
矛盾(모순)	反應(반응)	方向(방향)	保障(보장)
冒險(모험)	飯店(반점)	配給(배급)	保存(보존)
木手(목수)	反正(반정)	配達(배달)	保證(보증)
沐浴(목욕)	飯饌(반찬)	配分(배분)	普通(보통)
目的(목적)	反抗(반항)	配役(배역)	保險(보험)
目前(목전)	返還(반환)	排列(배열)	保護(보호)
目標(목표)	發見(발견)	俳優(배우)	復舊(복구)
沒死(몰사)	發達(발달)	配置(배치)	複道(복도)
沒殺(몰살)	發生(발생)	配合(배합)	復習(복습)
無理(무리)	發信(발신)	背後(배후)	複雜(복잡)
無事(무사)	發言(발언)	白書(백서)	本來(본래)
無識(무식)	發展(발전)	煩惱(번뇌)	本人(본인)
無心(무심)	發表(발표)	繁榮(번영)	封建(봉건)
舞踊(무용)	發行(발행)	番號(번호)	俸給(봉급)
無賃(무임)	發現(발현)	罰金(벌김)	奉仕(봉사)
武裝(무장)	發揮(발휘)	範圍(범위)	封套(봉투)
無限(무한)	方面(방면)	犯罪(범죄)	附近(부근)
文法(문법)	訪問(방문)	法律(법률)	不法(부법)
問病(문병)	方法(방법)	變動(변동)	夫婦(부부)
文書(문서)	放射(방사)	變裝(변장)	部分(부분)
問題(문제)	方席(방석)	變革(변혁)	敷衍(부연)
文筆(문필)	房貰(방세)	變化(변화)	婦人(부인)
勿論(물론)	方式(방식)	變換(변환)	富者(부자)
物質(물질)	放心(방심)	病故(병고)	不足(부족)
微笑(미소)	防止(방지)	報告(보고)	付託(부탁)
迷惑(미혹)	放出(방출)	保管(보관)	部品(부품)
美化(미화)	方便(방편)	普及(보급)	分揀(분간)
美貨(미화)	放學(방학)	補修(보수)	紛糾(분규)

分明(분명)	使用(사용)	生覺(생각)	成年(성년)
紛失(분실)	私有(사유)	生氣(생기)	盛大(성대)
分業(분업)	事情(사정)	生動(생동)	成立(성립)
粉乳(분유)	寫眞(사진)	生鮮(생선)	聲優(성우)
分化(분화)	四寸(사촌)	生長(생장)	成人(성인)
不滿(불만)	司會(사회)	生存(생존)	成長(성장)
不幸(불행)	社會(사회)	生後(생후)	成績(성적)
比較(비교)	散步(산보)	書記(서기)	性質(성질)
非難(비난)	酸素(산소)	西方(서방)	成敗(성패)
比例(비례)	散策(산책)	夕刊(석간)	世界(세계)
肥料(비료)	殺害(살해)	石炭(석탄)	勢力(세력)
肥滿(비만)	參席(삼석)	選擧(선거)	洗手(세수)
秘密(비밀)	三寸(삼촌)	宣敎(선교)	洗劑(세제)
非常(비상)	賞金(상금)	線路(선로)	小康(소강)
費用(비용)	想念(상념)	鮮明(선명)	紹介(소개)
悲慘(비참)	相談(상담)	膳物(선물)	少女(소녀)
批判(비판)	相當(상당)	船首(선수)	小賣(소매)
批評(비평)	相同(상동)	宣言(선언)	消滅(소멸)
事件(사건)	商量(상량)	先祖(선조)	所聞(소문)
事故(사고)	上陸(상륙)	選擇(선택)	訴訟(소송)
謝過(사과)	相面(상면)	先後(선후)	消息(소식)
沙器(사기)	詳細(상세)	雪糖(설탕)	消失(소실)
死亡(사망)	相殺(상쇄)	說得(설득)	小心(소심)
使命(사명)	象徵(상징)	設立(설립)	小包(소포)
事務(사무)	狀態(상태)	舌盒(서랍)	逍風(소풍)
思想(사상)	傷害(상해)	說話(설화)	速度(속도)
事實(사실)	相互(상호)	成家(성가)	損失(손실)
辭讓(사양)	狀況(상황)	性格(성격)	損害(손해)
事業(사업)	色彩(색채)	成功(성공)	率直(솔직)
事緣(사연)	色漆(색칠)	成果(성과)	送金(송금)

送信(송신)	乘車(승차)	信用(신용)	安定(안정)
修交(수교)	時刻(시각)	身體(신체)	暗號(암호)
手當(수당)	時間(시간)	新築(신축)	暗黑(암흑)
水道(수도)	時計(시계)	信號(신호)	壓力(압력)
首都(수도)	時期(시기)	失禮(실례)	押收(압수)
樹木(수목)	猜忌(시기)	失望(실망)	壓縮(압축)
隨伴(수반)	市內(시내)	實施(실시)	愛國(애국)
水素(수소)	時代(시대)	實在(실재)	愛撫(애무)
受信(수신)	試圖(시도)	實際(실제)	哀願(애원)
授業(수업)	是非(시비)	實證(실증)	愛人(애인)
水泳(수영)	施設(시설)	實踐(실천)	愛情(애정)
輸入(수입)	始作(시작)	失敗(실패)	額數(액수)
修正(수정)	市場(시장)	實行(실행)	野球(야구)
收集(수집)	試合(시합)	實驗(실험)	野黨(야당)
輸出(수출)	試驗(시험)	實現(실현)	野菜(야채)
手票(수표)	食口(식구)	深刻(심각)	藥師(약사)
熟達(숙달)	食器(식기)	心理(심리)	約束(약속)
熟練(숙련)	食單(식단)	審査(심사)	約婚(약혼)
宿望(숙망)	植木(식목)	審判(심판)	弱化(약화)
宿命(숙명)	食費(식비)	深化(심화)	洋弓(양궁)
宿泊(숙박)	式場(식장)	兒女(아녀)	洋襪(양말)
宿食(숙식)	食品(식품)	兒名(아명)	洋服(양복)
純粹(순수)	食後(식후)	惡魔(악마)	養成(양성)
醇化(순화)	信念(신념)	惡報(악보)	良心(양심)
循環(순환)	新聞(신문)	惡心(악심)	養子(양자)
習慣(습관)	新婦(신부)	安家(안가)	語順(어순)
習得(습득)	身分(신분)	安寧(안녕)	抑留(억류)
乘船(승선)	新鮮(신선)	顔色(안색)	抑壓(억압)
承認(승인)	身手(신수)	安心(안심)	言語(언어)
昇進(승진)	信仰(신앙)	安全(안전)	嚴重(엄중)

業務(업무)	領域(영역)	要求(요구)	原則(원칙)
業種(업종)	影響(영향)	料金(요금)	月給(월급)
與件(여건)	映畵(영화)	料理(요리)	危機(위기)
餘分(여분)	預金(예금)	要約(요약)	偉大(위대)
女子(여자)	禮物(예물)	曜日(요일)	威力(위력)
餘地(여지)	銳敏(예민)	勇敢(용감)	違反(위반)
旅行(여행)	預防(예방)	用件(용건)	衛星(위성)
歷史(역사)	預報(예보)	用度(용도)	慰安(위안)
演劇(연극)	預備(예비)	容恕(용서)	胃腸(위장)
煙氣(연기)	例示(예시)	容易(용이)	位置(위치)
年代(연대)	禮式(예식)	優美(우미)	委託(위탁)
年齡(연령)	汚物(오물)	雨備(우비)	危險(위험)
鍊磨(연습)	汚染(오염)	于先(우선)	威脅(위협)
硏修(연수)	誤解(오해)	優勢(우세)	流動(유동)
練習(연습)	溫度(온도)	憂鬱(우울)	有用(유용)
戀愛(연애)	頑固(완고)	優越(우월)	誘引(유인)
軟弱(연약)	完璧(완벽)	友好(우호)	唯一(유일)
聯合(연합)	完備(완비)	運動(운동)	維持(유지)
宴會(연회)	完成(완성)	運命(운명)	幼稚(유치)
熱狂(열광)	完熟(완숙)	運搬(운반)	愉快(유쾌)
熱量(열량)	完全(완전)	運營(운영)	有效(유효)
熱烈(열렬)	枉臨(왕림)	運用(운용)	育成(육성)
熱心(열심)	往復(왕부)	運賃(운임)	律師(율사)
熱情(열정)	往診(왕진)	運航(운항)	融通(융통)
列車(열차)	外家(외가)	原價(원가)	應答(응답)
熱湯(열탕)	外交(외교)	元金(원김)	應答(응답)
葉書(엽서)	外國(외국)	元來(원래)	應酬(응수)
榮光(영광)	外道(외도)	願書(원서)	應援(응원)
營養(영양)	外貨(외화)	原因(원인)	意見(의견)
營業(영업)	外換(외환)	遠足(원족)	議論(의론)

依賴(의뢰)	印象(인상)	昨年(작년)	轉落(전락)
醫療(의료)	認識(인식)	作業(작업)	展覽(전람)
疑問(의문)	印紙(인지)	殘業(잔업)	全面(전면)
意味(의미)	人形(인형)	殘酷(잔혹)	全滅(전멸)
醫師(의사)	日氣(일기)	掌匣(장갑)	專門(전문)
意識(의식)	一帶(일대)	長期(장기)	全部(전부)
依然(의연)	一般(일반)	長技(장기)	傳說(전설)
意義(의의)	日常(일상)	將來(장래)	展示(전시)
依存(의존)	一生(일생)	場面(장면)	戰爭(전쟁)
以來(이래)	一時(일시)	裝飾(장식)	電柱(전주)
理髮(이발)	一心(일심)	障碍(장애)	傳票(전표)
移徙(이사)	一定(일정)	莊嚴(장엄)	典型(전형)
以上(이상)	一切(일체)	裝置(장치)	絶對(절대)
理想(이상)	一致(일치)	再建(재건)	竊盜(절도)
異常(이상)	賃金(임금)	再考(재고)	切迫(절박)
以外(이외)	任務(임무)	材料(재료)	折半(절반)
利用(이용)	臨時(임시)	材木(재목)	節約(절약)
理由(이유)	入國(입국)	財數(재수)	節電(절전)
利益(이익)	入隊(입대)	才致(재치)	節次(절차)
以前(이전)	入院(입원)	裁判(재판)	點檢(점검)
二重(이중)	入荷(입하)	錚盤(쟁반)	點數(점수)
以下(이하)	自覺(자각)	著名(저명)	點心(점심)
理解(이해)	資本(자본)	積極(적극)	接近(접근)
異化(이화)	仔細(자세)	摘發(적발)	接待(접대)
以後(이후)	子孫(자손)	適切(적절)	程度(정도)
人家(인가)	子息(자식)	適合(적합)	精力(정력)
人間(인간)	自信(자신)	展開(전개)	整理(정리)
人力(인력)	自身(자신)	電球(전구)	碇泊(정박)
人類(인류)	自然(자연)	轉勤(전근)	情報(정보)
人事(인사)	自由(자유)	前途(전도)	征服(정복)

正常(정상)	存在(존재)	重要(중요)	質量(질량)
精誠(정성)	尊重(존중)	增加(증가)	質問(질문)
靜肅(정숙)	卒業(졸업)	證明(증명)	秩序(질서)
正式(정식)	種類(종류)	贈呈(증정)	疾走(질주)
情神(정신)	種目(종목)	紙匣(지갑)	斟酌(짐작)
停止(정지)	從事(종사)	地區(지구)	集中(집중)
定着(정착)	宗派(종파)	支給(지급)	集合(집합)
政治(정치)	座談(좌담)	知能(지능)	執行(집행)
淨化(정화)	座席(좌석)	指導(지도)	車間(차간)
正確(정확)	罪悚(죄송)	支社(지사)	遮斷(차단)
情況(정황)	主觀(주관)	持續(지속)	着想(착상)
提供(제공)	周年(주년)	知識(지식)	贊成(찬성)
除隊(제대)	注目(주목)	遲延(지연)	參加(참가)
祭祀(제사)	注文(주문)	地位(지위)	參考(참고)
提議(제의)	住民(주민)	指摘(지적)	參席(참석)
制定(제정)	注視(주시)	支店(지점)	參酌(참작)
製品(제품)	株式(주식)	支持(지지)	創立(창립)
制限(제한)	主要(주요)	指揮(지휘)	創造(창조)
條件(조건)	周圍(주위)	職業(직업)	猖披(창피)
調度(조도)	注意(주의)	直接(직접)	菜蔬(채소)
組立(조립)	週日(주일)	進級(진급)	採用(채용)
調査(조사)	株主(주주)	震動(진동)	採點(채점)
造成(조성)	主催(주최)	進步(진보)	採取(채취)
操心(조심)	籌板(주판)	眞實(진실)	冊房(책방)
條約(조약)	峻嚴(준엄)	鎭壓(진압)	冊床(책상)
調整(조정)	中間(중간)	陳列(진열)	處理(처리)
調劑(조제)	重大(중대)	진출(진출)	處分(처분)
組織(조직)	重量(중량)	進學(진학)	千金(천금)
照會(조회)	中部(중부)	進行(진행)	天障(천장)
尊敬(존경)	重視(중시)	進化(진화)	天才(천재)

徹底(철저)	出張(출장)	通信(통신)	平均(평균)
哲學(철학)	出現(출현)	統一(통일)	平等(평등)
淸潔(청결)	衝擊(충격)	通帳(통장)	平凡(평범)
靑果(청과)	衝突(충돌)	統制(통제)	平素(평소)
請求(청구)	充分(충분)	通知(통지)	平時(평시)
淸楚(청초)	取得(취득)	退勤(퇴근)	平安(평안)
靑春(청춘)	層階(층계)	退院(퇴원)	平靜(평정)
體力(체력)	齒牙(치아)	退職(퇴직)	平和(평화)
滯留(체류)	致賀(치하)	透明(투명)	閉鎖(폐쇄)
體育(체육)	親舊(친구)	投降(투항)	廢止(폐지)
招待(초대)	親愛(친애)	特權(특권)	抱擁(포용)
初步(초보)	親庭(친정)	特別(특별)	包圍(포위)
村長(촌장)	漆板(칠판)	特殊(특수)	暴露(폭로)
聰明(총명)	侵攻(침공)	特徵(특징)	表面(표면)
最近(최근)	鍼灸(침구)	特許(특허)	表示(표시)
最善(최선)	寢臺(침대)	破壞(파괴)	表情(표정)
最惡(최악)	沈默(침묵)	破損(파손)	表紙(표지)
最初(최초)	寢室(침실)	罷業(파업)	表現(표현)
追求(추구)	誕生(탄생)	罷職(파직)	表現(표현)
追放(추방)	彈壓(탄압)	判斷(판단)	品種(품종)
推進(추진)	脫出(탈출)	判事(판사)	風景(풍경)
縮小(축소)	奪還(탈환)	判定(판정)	豊富(풍부)
祝祭(축제)	態度(태도)	板紙(판지)	風船(풍선)
祝賀(축하)	土臺(토대)	片道(편도)	風習(풍습)
春節(춘절)	討論(토론)	便安(편안)	風潮(풍조)
出力(출력)	土壤(토양)	便宜(편의)	必要(필요)
出發(출발)	討議(토의)	編制(편제)	下校(하교)
出産(출산)	土地(토지)	片紙(편지)	下宿(하숙)
出席(출석)	統計(통계)	編輯(편집)	學校(학교)
出身(출신)	通常(통상)	評價(평가)	學期(학기)

學年(학년)	協定(협정)	訓練(훈련)	창문(窓門)
學問(학문)	形成(형성)	休業(휴업)	黑板(흑판)
虐殺(학살)	形式(형식)	休日(휴일)	街路樹(가로수)
學術(학술)	形容(형용)	休職(휴직)	加算稅(가산세)
學習(학습)	兄弟(형제)	黑白(흑백)	歌謠曲(가요곡)
學院(학원)	形態(형태)	洽足(흡족)	家族法(가족법)
學點(학점)	形便(형편)	興味(흥미)	改札口(개찰구)
學會(학회)	好奇(호기)	興奮(흥분)	乾魚物(건어물)
割愛(할애)	呼吸(호흡)	希望(희망)	乾葡萄(건포도)
割引(할인)	弘報(홍보)	犧牲(희생)	結婚式(결혼식)
陷落(함락)	貨物(화물)	江山(강산)	警察署(경찰서)
合理(합리)	花草(화초)	棺板(관판)	課題物(과제물)
合算(합산)	擴大(확대)	軍幕(군막)	科學者(과학자)
合宿(합숙)	確實(확실)	軍票(군표)	救急車(구급차)
合唱(합창)	確定(확정)	極點(극점)	救命隊(구명대)
項目(항목)	歡待(환대)	金門(금문)	軍令狀(군령장)
恒常(항상)	歡迎(환영)	金銀(금은)	勤勞者(근로자)
恒常(항상)	歡喜(환희)	金盞(금잔)	寄附金(기부금)
該當(해당)	活潑(활발)	金汁(금즙)	旣成服(기성복)
害毒(해독)	活躍(활약)	金牌(금패)	寄宿舍(기숙사)
解放(해방)	回甲(회갑)	氣門(기문)	紀行文(기행문)
解釋(해석)	會見(회견)	南門(남문)	綠豆菜(녹두채)
行動(행동)	回答(회답)	南村(남촌)	大統領(대통령)
幸福(행복)	會社(회사)	痰病(담병)	待合室(대합실)
行爲(행위)	回想(회상)	道德(도덕)	都賣商(도매상)
行政(행정)	會食(회식)	東宮(동궁)	屠畜場(도축장)
許容(허용)	獲得(획득)	病菌(병균)	落下傘(낙하산)
革命(혁명)	效果(효과)	房貰(방세)	冷藏庫(냉장고)
現象(현상)	效率(효율)	藥房(약방)	旅客船(여객선)
現實(현실)	後悔(후회)	冊床(책상)	料理師(요리사)

萬年筆(만년필)　生中繼(생중계)　人間性(인간성)　海賊船(해적선)
萬物湯(만물탕)　先知者(선지자)　日記帳(일기장)　行進曲(행진곡)
慢性病(만성병)　扇風機(선풍기)　入場券(입장권)　滑走路(활주로)
萬壽香(만수향)　洗濯機(세탁기)　入場料(입장료)　休憩所(휴게소)
忘年會(망년회)　消火器(소화기)　自家用(자가용)　休紙桶(휴지통)
媒介體(매개체)　水洗式(수세식)　磁氣力(자기력)　初等學校(초등학교)
免許證(면허증)　守錢奴(수전노)　自負心(자부심)　登記郵便(등기우편)
文房具(문방구)　宿直室(숙직실)　自由型(자유형)　加工貿易(가공무역)
密輸品(밀수품)　順序圖(순서도)　自轉車(자전거)　街頭文學(가두문학)
反對色(반대색)　瞬息間(순식간)　作業服(작업복)　家庭生活(가정생활)
放課後(방과후)　食用油(식용유)　在庫品(재고품)　內陸氣候(내륙기후)
補聽器(보청기)　信號燈(신호등)　貯金筒(저금통)　勞動階級(노동계급)
保險料(보험료)　領收證(영수증)　敵對視(적대시)　擔任先生(담임선생)
不純物(불순물)　外界人(외계인)　停留場(정류장)　名聞天下(명문천하)
雰圍氣(분위기)　宇宙船(우주선)　淨化槽(정화조)　配合飼料(배합사료)
飛行機(비행기)　郵遞局(우편국)　從業員(종업원)　高等學校(고등학교)
死刑囚(사형수)　運動場(운동장)　酒煎子(주전자)
山沙汰(산사태)　幼稚園(유치원)　仲媒人(중매인)
相對方(상대방)　飲食店(음식점)　必要量(필요량)

加强	开关	景观	高贵	空间
家宅	個人	竞技	高大	空降
歌手	改正	经历	孤独	公款
加热	改组	經理	古董	供給
加入	改进	警報	考慮	空气
家庭	開通	競賽	古物	公路
價值	開票	轻视	固体	共鳴
覺悟	改革	竞争	稿費	工夫
各自	客氣	经济	考查	工事
简单	客人	競走	告狀	供需
刊物	居留	轻重	告訴	公园
簡朴	乞求	景致	高速	工资
看病	檢擧	硬幣	考試	工作
干洗	檢討	階段	故意	空轉
看台	揭示	啓動	姑丈	攻占
感冒	激動	计算	高低	工程
减少	格式	继续	高調	公婆
强加	格言	計時	固执	恐慌
强健	隔音	戒指	高層	过客
江山	结果	階層	故乡	過年
剛才	缺口	界限	曲藝	果断
改建	决断	计划	困乏	過濾
開頭	决赛	顧客	圣堂	果園
改善	結束	苦果	骨肉	菓子
介紹	結實	高校	骨肉	科学

观光	贵贱	奴婢	盗窃	零钱
關聯	规格	农夫	倒退	禮堂
官司	叫絶	农村	桃红	禮物
較量	规定	能力	读写	路燈
敎鍊	规则	多寡	读书	老师
教师	根本	爹爹	同謀	老人
敎書	禁绝	茶房	同班	老婆
教室	禁止	多數	懂事	绿色
校长	急死	茶葉	东西	绿树
交接	給與	多彩	同歲	料理
較差	急至	胆怯	动手	流星
交通	技能	短見	同时	柳树
教会	气力	蛋糕	动员	謬誤
仇杀	期末	蛋白	同意	留意
句子	氣憤	担心	动静	流淌
口重	气体	單位	同學	律师
口号	欺詐	蛋黄	同行	离别
口红	技術	大家	童话	理想
国家	奇迹	大綱	得分	利用
国军	记录	大權	得失	理由
局面	记住	對象	得意	利害
国民	吉日	大小	等待	臨時
菊花	糯米	隊伍	来历	立即
群居	暖氣	大宗	来往	立就
军事	暖瓶	大風	冷热	磨煉
军人	纳入	途径	凉水	马车
窮極	奶酪	道路	良心	滿勤
机场	內外	到發	历史	晚稻
归国	奶牛	導師	历史	漫罵
贵族	年轻	图书	零食	晚饭

晚报	文人	拔取	报纸	事情
煤气	文章	發現	保險	社会
买卖	问题	发现	服从	谢谢
每日	文筆	放假	本本	散步
埋葬	文化	放心	不同	山峰
迈进	微觀	榜样	不良	山甫
梅花	美国	房屋	父母	山水
免费	美女	方圆	部分	山村
面熟	美德	方便	敷衍	蒜黄
面試	未来	放學	负责	杀害
棉花	眉毛	方向	北方	三军
名门	未必	背景	分揀	霜降
名譽	美好	配合	坟墓	常客
命運	民族	白宮	氛圍	伤口
名牌	民主	白糖	奔跑	想念
名片	拍賣	白银	朋友	相当
母校	朴素	白菜	比较	相對
目录	迫切	罰款	飛機	相同
牧师	搬家	法则	比赛	商量
木耳	反对	別樓	秘书	相面
木匠	搬運	別墅	悲哀	相殺
沒死	搬运	別的	冰冷	想象
沒殺	胖人	饼干	冰凉	相信
無故	飯店	病故	冰炭	相愛
舞蹈	反正	並且	事故	相異
無理	搬迁	補課	司令	商人
無事	反抗	保管	死亡	塞馬
無心	發信	報道	事变	生氣
文物	发音	保留	写字	生命
文書	发展	保養	狮子	生物

生词	小说	新娘	安家	热爱
生日	訴訟	身亡	安寧	熱情
生平	小心	神父	顏色	熱湯
生活	少至	身体	安心	英明
書記	蔬菜	新生	安慰	營養
舒服	消化	身手	安全	英语
西餐	笑话	信用	暗藏	永远
书包	速度	伸缩	壓抑	影音
石林	率領	信号	爱慕	迎春
釋放	松树	实力	愛撫	玉石
夕阳	送信	失望	愛人	擁抱
善良	手机	实施	液体	瓦解
选拔	修女	實在	野菜	外道
善战	首都	失败	藥膏	外表
雪景	手软	实行	約束	外貨
雪白	瘦人	深刻	藥丸	用功
设备	輸入	心得	魚乾	勇气
設施	手术	审查	语言	牛奶
說話	輸出	心酸	言语	雨水
性格	水平	审题	广告	运动
性急	数学	寻找	广大	原则
性能	宿舍	深浅	广场	月亮
姓名	肅靜	審判	嚴峻	月食
聲音	时局	心寒	嚴重	慰劳
世上	市民	牙膏	研究	帷幕
岁月	市场	兒女	延期	有如
洗澡	始终	牙齿	延长	游艇
小康	时差	惡劣	演出	肉麻
少女	試驗	惡報	热气	听说
烧饼	食品	惡心	热水	银行

飲食	自杀	轉移	主意	澄清
音乐	仔細	战争	主人	車間
饮酒	子夜	电车	週日	车道
應酬	自由	剪彩	主张	贊賞
依賴	自學	傳票	走红	赞成
疑问	作家	節日	中国	餐厅
義詞	殘廢	點心	重大	參加
医师	暂時	接待	重视	惭愧
意识	掌管	接触	重新	创业
意义	长久	精簡	中的	采伐
以來	长短	定价	曾經	採用
耳鸣	将来	证明	地址	荣肴
耳语	场面	情报	地震	處境
人家	酱油	精神	地鐵	處理
人間	长处	证人	支出	处死
人民	长跑	政治	紙片	千金
人事	裁缝	提高	只好	天蓝
人生	裁判	制造	職業	天才
人为	籍貫	提出	职员	天地
引誘	积累	調度	職位	撤回
人参	敵視	早晚	诊所	青果
人祸	積蓄	操心	尘埃	请教
日期	專家	早已	進出	青楼
日记	全景	調劑	阵痛	青山
日本	全国	早就	質量	清楚
日食	电脑	照會	质变	达旦
入口	展示	钟表	疾病	招待
自古	电视	左右	疾病	超出
磁带	前额	珠算	集中	觸電
自动	电影	住所	執行	村莊

最近	兔唇	合唱	黄油	留学生
抽逃	痛苦	航運	皇帝	馬戲團
推动	统一	海嘯	回复	沒關係
醜陋	统统	孩子	候鳥	无人岛
秋夕	特别	乡下	后悔	文具店
推迟	疤痕	许诺	训练	半成品
縮短	编辑	顯示	汇集	白皮書
缩短	贬低	现在	凶年	乒乓球
畜牧	平西	血型	凶兆	報報器
逐渐	废气	血红	黑暗	不關心
春季	废水	兄弟	黑夜	三脚架
春分	抱歉	好看	黑板	書面語
春节	暴亂	號碼	恰巧	成年人
春天	表决	互補	兴奋	洗滌劑
春秋	表示	護士	希望	小说家
出气	品行	好处	牺牲	手术台
出賣	风景	好吃	仮面具	爱国心
出差	豐富	婚嫁	開幕詞	爱国者
治理	避免	红旗	建筑物	广告文
亲戚	毕业	红酒	竞技场	外国人
沉思	笔直	画家	高血压	运动会
打击	夏至	化脓	工業品	月全食
托管	下海	货物	科学家	音乐家
拆洗	学校	花生	軍令狀	音乐会
坦白	学生	火热	基督教	人生观
诞生	学位	和平	团结心	人参茶
脱離	韩国	火红	大幅度	日全食
探求	寒冷	扩大	道林紙	傳家寶
讨论	合格	欢迎	图书馆	座右銘
土地	合奏	黄金	动物园	珠宝商

中山服	高速公路	百依百顺	自來水筆	捕风捉影
支氣管	工程現場	翻天覆地	粗心大意	飘忽不定
進行曲	多灾多难	诚心诚意	千辛万苦	毕恭毕敬
參考书	單身生活	心满意足	添砖加瓦	合情合理
下半旗	舞蹈演員	十字路口	层出不穷	绘声绘色
学生证	半斤八两	寥寥无几	贪官污吏	
韩国人	半夜三更	一星半点	平淡无奇	
高等學校	發展中國家	一視同仁	平民百姓	

挨边	把风	拜师	保底	抱拳	避难	并肩	猜中	查铺
挨近	把关	拜寿	保架	抱团	避暑	拨款	裁兵	查哨
挨批	把脉	拜堂	保媒	抱窝	避嫌	播音	采风	查夜
挨宰	把门	扳本	保密	背榜	避孕	播种	采矿	岔气
挨整	把斋	扳道	保命	背债	编队	驳倒	采种	拆伙
碍事	罢笔	搬兵	保胎	背理	编号	驳价	采血	拆散
碍眼	罢工	搬家	报案	背气	编码	捕食	踩点	拆台
爱国	罢官	拌蒜	报仇	背人	编目	卜课	参股	拆账
安家	罢教	拌嘴	报到	背书	编组	补差	参军	拆字
安身	罢课	扮戏	报德	背约	变产	补过	参透	掺假
安神	罢市	办案	报恩	备案	变法	补假	参政	缠足
安心	罢职	办公	报废	备荒	变卦	补课	藏书	尝鲜
安营	摆阔	办事	报关	备课	变节	补苗	操神	尝新
按理	摆平	办罪	报国	备料	变脸	补票	操心	偿命
按脉	摆谱	帮厨	报价	备战	变天	补缺	测字	唱名
熬夜	摆手	帮忙	报捷	奔丧	变味	补台	侧身	唱票
扒车	败火	绑票	报警	绷脸	变心	补血	插队	唱喏
拔高	败家	包产	报名	逼债	变形	补足	插花	唱戏
拔河	败兴	包场	报幕	比武	变样	布菜	插话	抄道
拔尖	败阵	包车	报丧	闭幕	变质	布道	插脚	抄家
拔腿	拜忏	包饭	报时	闭气	便血	布防	插口	抄近
拔节	拜佛	包伙	报数	闭市	标价	布雷	插手	抄身
拔锚	拜节	包席	报喜	毕业	表功	步韵	插秧	超标
拔腿	拜客	包圆	报信	辟邪	表态	猜谜	插嘴	超车
拔营	拜盟	包月	报怨	避风	摽劲	猜拳	叉腰	超员
把舵	拜年	保本	报账	避讳	屏气	猜透	查岗	超重

吵架	逞能	吃素	抽奖	出力	出诊	出炉	串秧	凑近
吵嘴	逞强	吃席	抽税	出笼	出阵	出票	传人	篡国
扯白	撑台	吃赃	出榜	出马	除根	出摊	串供	篡权
扯淡	称为	持家	出殡	出梅	出名	除权	串门	篡位
扯谎	称雄	赤手	出兵	出门	触电	除息	串皮	篡党
扯皮	成个	充电	出彩	出面	触礁	揣手	串线	蹿火
扯臊	成婚	充公	出操	出苗	出夫	揣骨	闯祸	催产
扯腿	成器	充饥	出槽	出名	出格	踹腿	闯路	催命
撤标	承头	充数	出差	出气	出号	穿孔	创刊	催奶
撤兵	逞脸	冲凉	出厂	出勤	出花	穿孝	创意	催生
撤差	逞凶	冲喜	出场	出去	出尖	传代	吹灯	存案
撤防	逞嘴	充磁	出车	出圈	出街	传道	吹风	存档
撤军	吃醋	充军	出乘	出丧	出结	传话	吹牛	存货
撤职	吃饭	充气	出丑	出山	出品	传教	垂头	存款
趁便	吃惊	抽成	出伏	出神	出齐	传经	戳祸	存粮
趁钱	吃苦	抽丁	出阁	出师	出使	传令	辞工	存身
称身	吃亏	抽风	出工	出事	出题	传种	辞活	存食
称心	吃透	抽筋	出恭	出手	出芽	喘气	辞灵	存心
称愿	吃心	抽空	出轨	出台	出韵	串味	辞岁	存念
撑腰	吃斋	抽签	出台	出庭	出征	串戏	辞行	措辞
成材	吃准	抽青	出国	出头	除服	串烟	辞灶	错车
成家	吃嘴	抽身	出海	出土	除丧	穿过	辞职	错开
成交	赤背	抽水	出航	出席	锄地	穿透	刺字	错位
成名	赤膊	抽穗	出活	出险	锄奸	穿针	辞年	错踩
成亲	赤脚	抽薹	出家	出道	穿针	传家	从良	搭班
成人	吃瘪	抽头	出界	出线	出价	传球	凑钱	搭伴
成事	吃粮	抽芽	出九	出血	出境	传信	凑趣	搭茬
成套	吃碰	瞅见	出圈	出洋	出镜	传语	凑手	搭车
乘凉	吃食	抽地	出科	出院	出局	串地	凑数	搭话
承情	吃私	瞅空	出口	出月	出栏	串乡	凑整	

搭伙	打鼾	打围	当家	到家	抵事	吊卷	定型	斗气
搭客	打夯	打眼	当面	到期	抵债	吊丧	定性	斗智
搭腔	打伙	打佯	当权	到任	抵账	吊线	定罪	斗嘴
搭桥	打价	打烊	挡驾	到手	点饥	吊孝	订婚	逗哏
搭手	打架	打油	捯根	到头	点将	跌价	订货	逗乐
答茬	打尖	打杂	捯气	到位	点卯	盯梢	丢丑	读书
答腔	打醮	打仗	倒班	到职	点名	钉梢	丢脸	堵嘴
答言	打紧	打针	倒仓	倒车	点题	顶风	丢人	赌气
答卷	打开	打住	倒车	捯过	点头	顶缸	丢手	赌钱
答礼	打垮	打桩	倒霉	得病	点心	顶杠	懂事	赌咒
达到	打雷	打字	倒嗓	得宠	点穴	顶命	动笔	镀金
打靶	打愣	打嘴	倒手	得到	点种	顶牛	动兵	断案
打败	打猎	打坐	倒台	得分	垫背	顶事	动工	断炊
打包	打鸣	戴孝	倒头	得济	垫底	顶数	动火	断档
打奔	打蔫	带班	倒运	得空	垫圈	顶天	动怒	断顿
打岔	打泡	带刺	倒灶	得力	调包	顶用	动气	断根
打场	打破	带电	捣蛋	得胜	调档	顶账	动情	断后
打憷	打谱	带好	捣鬼	得时	调防	顶嘴	动身	断交
打春	打气	带话	捣乱	得势	调卷	顶罪	动手	断句
打倒	打千	带菌	盗墓	得手	调侃	定案	动土	断粮
打的	打枪	带路	道别	得志	调头	定都	动窝	断垄
打赌	打趣	带头	道乏	登场	调职	定稿	动武	断奶
打盹	打拳	带孝	道劳	登基	调包	定婚	动心	断弦
打嗝	打闪	代课	道歉	登极	掉膘	定货	动刑	断种
打更	打扇	代职	道喜	登陆	掉秤	定居	兜底	堆笑
打工	打食	贷款	道谢	登门	掉点	定名	兜风	对茬
打鼓	打胎	怠工	到场	登台	掉队	定亲	斗法	对光
打卦	打铁	担名	到底	蹬腿	掉过	定神	斗鸡	对号
打鬼	打通	担心	到点	低头	掉价	定位	斗牛	对味
打滚	打头	当差	到顶	抵命	调头	定弦	斗牌	对症

蹲班	发慌	罚球	犯傻	费劲	扶鸾	改线	割地	刮痧
蹲膘	发昏	翻案	犯上	费力	扶正	改样	搁浅	挂彩
蹲点	发火	翻场	犯事	费难	伏输	改辙	革命	挂锄
多事	发迹	翻车	犯疑	费神	伏罪	改嘴	革职	挂钩
多心	发急	翻番	犯罪	费事	服毒	干杯	隔热	挂果
多嘴	发家	翻个	放步	费心	服软	赶场	隔夜	挂号
夺标	发酵	翻工	放电	分成	服输	赶车	隔音	挂花
夺冠	发狂	翻供	放定	分肥	服刑	赶点	给以	挂镰
夺权	发愣	翻浆	放毒	分工	服药	赶海	跟班	挂名
躲懒	发毛	翻脸	放风	分红	服役	赶汗	跟趟	挂牌
躲债	发霉	翻身	放工	分家	服罪	赶集	耕地	挂失
堕胎	发面	翻天	防火	分界	复仇	赶街	拱手	挂帅
饿饭	发墨	反手	放假	分居	复工	赶路	共事	挂孝
发榜	发难	反水	放空	分开	复婚	赶趟	供事	挂职
发报	发怒	返场	放款	分类	复旧	赶圩	供职	拐弯
发标	发气	返潮	放量	分清	复刊	擀毡	勾魂	关心
发兵	发球	反防	放炮	分身	复课	感恩	勾脸	观风
发病	发热	返工	放屁	分神	复位	感光	勾芡	观礼
发财	发丧	返青	放青	分手	复信	干掉	够本	管事
发车	发痧	犯案	放晴	分心	复学	干架	够格	管用
发痴	发烧	犯病	放哨	分赃	复员	干仗	估堆	灌肠
发愁	发市	犯愁	放生	焚香	复职	搞鬼	估产	灌浆
发呆	发誓	犯法	放手	封河	负伤	告便	估价	灌音
发疯	发水	犯规	放心	封火	负债	告别	鼓劲	光火
发福	发威	犯讳	放学	封口	改道	告急	鼓掌	光头
发稿	发文	犯忌	放血	封门	改点	告假	雇工	逛灯
发汗	发芽	犯戒	放样	封斋	改行	告捷	顾家	归案
发狠	发言	犯禁	放债	封嘴	改嫁	告老	顾脸	归档
发花	发音	犯困	费工	奉令	改口	告密	刮宫	归队
发话	罚款	犯难	费话	奉命	改期	告饶	刮脸	归公

归口	过夜	狠心	还价	回锅	会诊	兼职	降温	结果
归天	过瘾	横心	还口	回话	混事	监场	交班	接班
滚蛋	过硬	红脸	还礼	回口	活命	监工	交保	接茬
裹脚	哈腰	红眼	还手	回来	积德	监考	交差	接产
裹乱	害病	护短	还俗	回礼	积肥	剪彩	交底	接防
过磅	害口	滑冰	还席	回笼	积食	剪票	交锋	接羔
过秤	害怕	滑精	还阳	回炉	集邮	减产	交工	接轨
过多	害臊	滑雪	还原	回门	及格	减价	交火	接火
过分	害喜	话别	还愿	回棋	即位	减刑	交九	接客
过关	害羞	画到	还债	回青	祭灶	减员	交卷	接龙
过户	害眼	画符	还账	回去	记仇	检漏	交手	接气
过话	寒心	画供	还嘴	回身	记分	见苗	交心	结亲
过火	含恨	画图	缓气	回头	记工	见报	交战	接生
过节	含怒	画像	换班	回戏	记功	见鬼	交账	接榫
过境	含笑	画押	换茬	回信	记过	见礼	教书	接头
过来	含羞	画知	换防	回嘴	记事	见面	教学	接吻
过礼	含冤	画字	换个	悔婚	忌嘴	建都	绞脸	接线
过量	喊话	划价	换工	悔棋	加倍	建国	搅动	揭榜
过门	号丧	划清	换季	悔罪	加点	建交	搅浑	揭底
过目	号脉	化冻	换肩	毁约	加封	将军	搅局	揭短
过年	合龙	化脓	换届	汇款	加工	讲和	缴械	结案
过期	合拍	化缘	换钱	会餐	加料	讲话	校准	结伴
过去	合心	化斋	换帖	会操	加码	讲价	较劲	结彩
过时	合眼	化妆	换文	会钞	加冕	讲课	叫好	结仇
过世	合意	化装	换牙	会客	加热	讲理	叫号	接关
过手	合影	怀恨	慌神	会面	加塞	讲情	叫魂	结婚
过数	和辙	怀胎	挥手	会齐	加油	讲学	叫苦	结伙
过堂	喝彩	怀孕	灰心	会师	假手	降级	叫屈	结盟
过头	贺年	还本	回潮	会水	驾辕	降价	叫真	结亲
过眼	贺喜	还魂	回电	会帐	兼课	降旗	叫阵	结业

结缘	借账	揪心	绝食	开价	开言	烤电	拉纤	离婚
结怨	进餐	纠偏	绝望	开胶	开眼	烤火	拉套	离开
截断	进贡	就伴	绝育	开戒	开业	靠边	拉稀	离谱
截肢	进货	就业	绝种	开课	开园	靠谱	拉线	离题
劫道	进口	就医	咯血	开口	开斋	靠准	拉秧	离辙
劫狱	进来	就诊	开笔	开矿	开战	磕头	来潮	离职
解馋	进门	就职	开标	开犁	开张	可心	来稿	礼佛
解愁	进去	救场	开车	开例	开仗	吭气	来火	理财
解冻	进香	救国	开秤	开脸	开账	吭声	来劲	理发
解毒	进言	救荒	开锄	开镰	揩油	空手	来信	立案
解饿	晋级	救火	开春	开锣	看家	空心	赖婚	立法
解乏	浸种	救急	开刀	开门	看青	叩头	赖账	立功
解恨	尽力	救驾	开道	开蒙	看病	哭灵	拦路	立户
解禁	尽孝	救命	开冻	开幕	看穿	哭丧	揽活	立脚
解渴	尽心	救灾	开恩	开盘	看见	夸口	捞本	立誓
解闷	尽责	居心	开饭	开炮	看开	垮台	捞着	立业
解聘	尽职	举例	开方	开瓢	看破	宽限	劳驾	立约
解气	尽忠	举要	开工	开票	看上	宽心	劳军	立账
解手	惊车	聚餐	开光	开腔	看透	旷工	劳神	立志
解围	惊梦	聚齐	开锅	开窍	看相	旷课	唠嗑	立字
解约	惊群	具结	开航	开缺	看中	旷职	烙花	联宗
解职	经商	具名	开河	开刃	看座	困觉	落汗	敛财
戒严	经手	捐资	开户	开山	扛活	拉夫	落价	敛钱
介意	净手	决口	开花	开墒	抗旱	拉钩	落架	恋家
借光	静场	绝版	开怀	开市	抗洪	拉呱	落色	炼丹
借火	静心	绝后	开荒	开膛	抗捐	拉架	落枕	炼焦
借款	静园	绝迹	开会	开庭	抗涝	拉脚	冷场	炼油
借宿	敬礼	绝交	开荤	开头	抗税	拉锯	愣神	练笔
借位	究根	绝路	开火	开线	抗灾	拉客	离队	练兵
借债	揪痧	绝情	开伙	开学	考取	拉平	离格	练队

练功	遛马	落第	卖老	没完	募股	念经	刨根	烹茶
练手	遛鸟	落发	卖命	没戏	募捐	念书	跑步	捧场
亮底	遛弯	落后	卖俏	没辙	拿大	尿床	跑车	捧哏
亮相	笼火	落户	卖身	闷头	拿顶	尿炕	跑电	捧角
聊天	拢岸	落脚	卖艺	蒙冤	拿乔	扭头	跑肚	碰杯
撂荒	漏电	落空	卖淫	迷路	拿权	弄鬼	跑光	碰壁
撂手	漏风	落款	卖嘴	免费	拿人	努力	跑马	碰见
列席	漏光	落马	卖座	免税	拿事	挪窝	跑题	碰面
裂缝	漏税	落难	迈步	免职	拿糖	怄气	跑腿	碰头
裂口	漏网	落水	满额	免罪	纳贡	怕事	泡汤	批准
临帖	漏嘴	落网	满服	瞄准	纳粮	怕羞	赔本	辟谣
领道	露白	落伍	满师	灭顶	纳闷	拍板	赔话	撇开
领路	露底	落选	满孝	灭火	纳聘	拍手	赔款	撇嘴
领情	露富	落音	满员	灭迹	纳妾	拍戏	赔礼	拼版
领头	露脸	落账	满月	灭口	纳税	拍照	赔钱	拼命
领洗	露面	落座	满座	命名	奈何	排版	赔情	平槽
领先	露苗	抹脸	铆劲	命题	耐劳	排队	赔笑	平地
溜冰	露怯	骂架	冒顶	摸底	闹房	排涝	赔账	评分
溜号	露头	骂街	冒功	摸黑	闹鬼	排雷	赔罪	评功
流产	露馅	埋头	冒火	摸门	闹荒	排戏	配对	评级
留成	露相	买好	冒尖	摸哨	闹架	排险	配方	评奖
留级	录音	买账	冒名	摸头	闹气	排字	配婚	评理
留门	轮班	卖唱	冒头	摸营	闹事	攀亲	配料	破案
留情	论理	卖呆	冒险	磨牙	闹天	盘货	配套	破财
留神	论罪	卖底	没词	磨嘴	闹灾	盘库	配戏	破产
留心	落榜	卖功	没脸	抹彩	闹贼	盘腿	配音	破戒
留学	落膘	卖乖	没门	抹黑	拟稿	盘账	配乐	破例
留洋	落槽	卖国	没命	抹零	逆风	判刑	配种	破谜
留意	落潮	卖好	没谱	牟利	逆水	判罪	喷粪	破土
留影	落地	卖劲	没事	慕名	拈阄	抛锚	喷漆	破相

铺床	签名	求情	惹祸	入院	扫雷	上火	赊账	失利
铺轨	签字	求饶	惹事	入账	扫盲	上浆	折本	失恋
扑空	迁都	求人	忍心	撒刁	扫墓	上劲	折秤	失密
扑灭	欠产	屈才	认错	撒欢	扫尾	上课	舍脸	失聪
启封	欠款	取保	认命	撒谎	扫兴	上来	舍命	失明
起草	欠情	取经	认输	撒娇	杀价	上路	射门	失窃
起场	欠身	取景	认账	撒尿	杀菌	上门	申冤	失身
起床	欠债	娶亲	认真	撒泼	刹车	上去	伸手	失事
起碇	抢亲	去火	认罪	撒气	煞车	上任	伸腿	失势
起稿	抢先	去任	任便	撒手	煞尾	上色	伸腰	失手
起更	瞧见	去暑	任教	撒腿	傻眼	上山	伸冤	失效
起哄	怯场	去职	任课	撒野	闪光	上身	生病	失信
起火	怯阵	劝驾	任职	塞车	闪身	上市	生根	失学
起家	窃密	劝架	容人	赛车	伤热	上书	生火	失言
起圈	亲嘴	劝酒	容身	赛马	伤神	上税	生气	失业
起课	清火	劝降	如意	散架	伤心	上台	生事	失意
起来	清热	缺德	如愿	散步	上班	上膛	生息	失约
起灵	清账	缺席	入伏	散场	上报	上天	升班	失踪
起锚	请安	缺勤	入股	散工	上操	上刑	升格	失足
起名	请假	染病	入伙	散会	上场	上学	升官	施肥
起身	请客	让步	入境	散伙	上朝	上瘾	升级	施工
起誓	请赏	让利	入门	散闷	上蔟	上账	升旗	施礼
起头	请降	让路	入迷	散戏	上当	上阵	升天	施斋
起疑	请愿	让位	入魔	散心	上吊	上装	升学	施诊
起意	请战	让贤	入神	丧胆	上冻	上座	省事	识字
起赃	请罪	让座	入土	丧命	上坟	烧荒	省心	蚀本
弃权	求和	饶命	入伍	丧气	上岗	烧火	失宠	使绊
牵头	求婚	绕道	入学	丧生	上工	烧香	失火	使坏
牵线	求签	绕弯	入眼	扫地	上供	烧纸	失脚	使劲
签到	求亲	绕远	入狱	扫黄	上钩	捎脚	失节	试车

施工	受难	耍钱	搜身	探矿	提成	铁心	通窍	透亮
试手	受骗	耍人	诉苦	探路	提干	听喝	通商	透气
收场	受聘	摔跤	诉冤	探亲	提高	听话	通信	突出
收车	受气	甩手i	算得	探头	提行	听会	同班	突围
收工	受穷	睡觉	算卦	探险	提货	听见	同房	秃顶
收回	受屈	顺水	算命	烫发	提价	听讲	同路	秃头
收活	受热	顺意	算数	烫头	提名	听课	同事	吐口
收口	受辱	说服	随便	掏底	提亲	停摆	同学	吐气
收摊	受伤	说话	随心	逃反	提神	停车	偷空	吐穗
收心	受赏	说谎	随意	逃荒	替班	停工	偷懒	吐血
守寡	受审	说理	遂心	逃命	替工	停火	偷巧	推倒
守节	受胎	说媒	遂意	逃难	填词	停刊	偷情	推动
守灵	受托	说亲	遂愿	逃税	填房	听课	偷税	推翻
守门	受降	说情	损人	逃学	挑刺	停食	偷闲	推头
守丧	受训	说书	塌方	逃债	挑礼	停学	偷营	蜕皮
守岁	受孕	说戏	塌架	淘金	挑眼	停业	偷嘴	退兵
守孝	受灾	松绑	塌台	讨饭	调级	停战	投案	退步
守业	受罪	松劲	塌心	讨好	调价	停职	投保	退场
受病	授粉	松气	抬杠	讨价	调味	挺身	投标	退潮
受潮	授奖	松手	抬价	讨饶	调资	通车	投弹	退婚
受害	授课	松心	抬头	讨嫌	挑灯	通敌	投稿	退火
受贿	授衔	松嘴	贪财	讨厌	挑头	通电	投篮	退伙
受奖	梳头	耸肩	贪赃	讨债	挑战	通分	投票	退票
受惊	输理	送别	摊场	讨账	跳班	通风	投亲	退亲
受精	输血	送殡	摊牌	套版	跳槽	通过	投生	退热
受窘	输液	送礼	谈话	套车	跳伞	通话	投师	退色
受苦	署名	送命	谈天	套色	跳神	通婚	投胎	退烧
受累	述职	送丧	谈心	题词	跳绳	通奸	投药	退位
受礼	耍横	送信	探风	题名	跳舞	通经	投资	退伍
受凉	耍猴	送行	探监	题字	贴金	通气	透风	退学

退押	脱脂	误期	下奶	现眼	泄底	休学	压车	摇动
退役	托福	误事	下去	相亲	泄愤	休业	压倒	摇手
退职	托梦	务实	下神	相中	泄恨	休战	压服	摇头
吞金	完成	务虚	下手	享福	泄劲	修道	压价	咬牙
脱靶	完蛋	熄灯	下水	相面	泄密	修脚	压气	要饭
脱班	完工	熄火	下台	消毒	泄气	修面	压阵	要谎
脱产	完稿	洗三	下乡	消气	卸车	修仙	压台	要价
脱发	完婚	洗手	下学	消食	卸货	绣花	押车	要命
脱肛	完粮	洗澡	下药	销案	卸任	许愿	押当	遗精
脱稿	完事	下班	下野	销假	卸载	叙旧	押队	遗尿
脱轨	完税	下本	下狱	销赃	卸装	絮窝	押款	移民
脱胶	晚点	下笔	下葬	效劳	谢顶	续假	押韵	议价
脱节	亡国	下操	下帐	效力	谢恩	续弦	哑场	引火
脱臼	忘本	下场	下种	歇班	谢幕	宣誓	哑火	引路
脱粒	忘掉	下船	下装	歇顶	谢罪	宣战	言声	迎风
脱盲	望风	下蛋	吓人	歇乏	行房	悬赏	延期	迎面
脱毛	违法	下地	显灵	歇伏	行好	悬腕	演戏	迎亲
脱坯	违约	下碇	显能	歇工	行贿	悬心	咽气	迎头
脱皮	问安	下凡	显圣	歇肩	行军	选材	验光	应急
脱坡	问案	下饭	显形	歇脚	行礼	选题	验尸	应景
脱期	问好	下工	显影	歇凉	行窃	选种	扬场	应卯
脱色	窝工	下海	献宝	歇气	行善	学舌	扬帆	应战
脱涩	窝火	下脚	献策	谢响	行刑	学徒	扬名	用兵
脱身	窝气	下界	献丑	歇手	行凶	训话	养兵	用功
脱手	窝赃	下劲	献花	歇腿	行医	殉国	养病	用劲
脱水	卧果	下酒	献计	歇夏	醒盹	殉节	养家	用力
脱胎	握手	下课	献礼	歇业	醒酒	殉难	养老	用人
脱位	误场	下来	献旗	歇荫	羞人	殉职	养路	用心
脱险	误点	下令	献身	歇枝	休会	压宝	养伤	用印
脱销	误工	下马	现形	浮肚	休假	压队	养神	游街

游水	在心	展开	着慌	整容	助威	追肥	作揖	做寿
游乡	在意	占先	着火	整形	助兴	追赃	坐班	做戏
有底	遭劫	站队	着急	植皮	助战	捉奸	坐果	做主
有救	遭难	站岗	着凉	值班	抓膘	着陆	坐科	
有名	遭殃	站住	着忙	值勤	抓紧	着色	坐蜡	
有盼	遭罪	张榜	着迷	值夜	抓阄	走板	坐牢	
有数	造反	张口	着魔	执勤	抓瞎	走道	坐堂	
有喜	造句	张嘴	找病	执政	抓药	走电	坐庄	
逾期	造林	掌灯	找茬	止步	抓周	走调	作案	
育苗	造孽	掌舵	找钱	治水	转产	走风	作保	
育种	造谣	掌权	找事	治印	转车	走红	作弊	
遇见	增产	掌勺	找辙	治罪	转科	走火	作对	
遇救	扎根	掌印	照办	制版	转脸	走路	作恶	
遇难	扎花	掌灶	照面	制图	转身	走色	作法	
遇险	扎营	掌嘴	照相	中标	转手	走神	作假	
圆场	扎针	涨潮	照样	中毒	转弯	走绳	作价	
圆房	轧钢	仗势	遮羞	中风	转文	走水	作客	
圆谎	眨眼	招标	遮丑	中计	转学	走私	作孽	
圆梦	炸群	招兵	折福	中奖	转业	走索	作数	
阅兵	炸市	招风	折干	中暑	转运	走题	作文	
阅卷	炸窝	招工	折价	中选	转账	走味	做伴	
越轨	摘由	招供	折寿	中意	转正	走形	做东	
越过	占卦	招股	折账	种地	转筋	走眼	做工	
越级	占课	招魂	征兵	种花	转圈	走样	做鬼	
越境	占梦	招亲	争光	种田	转向	走运	做活	
越权	占星	招生	争气	注音	装假	走嘴	做客	
越狱	沾边	招事	争嘴	住口	装蒜	奏效	做媒	
运气	沾光	招手	整地	住手	撞车	奏乐	做梦	
砸锅	沾亲	招降	整队	住院	撞墙	组稿	做亲	
栽赃	沾手	招灾	整风	祝酒	撞锁	组阁	做事